맛없어?

유쾌한 탐식가의 종횡무진 음식 인문학

맛없어?

고이즈미 다케오 지음 | 박현석 옮김

사과나무

맛없어?

초판 1쇄 인쇄 2015년 4월 10일
초판 1쇄 발행 2015년 4월 15일

지은이 고이즈미 다케오
옮긴이 박현석
펴낸곳 도서출판 사과나무
펴낸이 권정자
본문 · 표지구성 김미영
등록번호 제11-123(1996. 9. 30)
주소 경기도 고양시 덕양구 충장로 123번길 26, 301-1208

전화 (031) 978-3436
팩스 (031) 978-2835
이메일 bookpd@hanmail.net

값 13,000원

ISBN 978-89-6726-012-5 03900
* 잘못 만들어진 책은 바꾸어드립니다.

이 도서의 국립중앙도서관 출판예정도서목록(CIP)은 서지정보유통지원시스템 홈페이지(http://seoji.nl.go.kr)와 국가자료공동목록시스템(http://www.nl.go.kr/kolisnet)에서 이용하실 수 있습니다.(CIP제어번호: CIP2015009167)

이 책을 읽을 때는 주의!
식사 중에 읽으면 식욕이 떨어진다.
멋진 책이다.

– 아마존 재팬 독자서평 (★★★★★)

머리말

세상의 모든 맛없는 것들에 대한 푸념

●

세상에 맛있는 음식을 다룬 책은 많이 있지만 맛없는 음식에 관한 책은 거의 없다. 현대에서만 그럴까 싶어 음식과 관련된 고문서와 출판물들을 샅샅이 조사해봤으나 그런 책은 찾을 수가 없었다. 어느 세상에서나 인간은 맛있는 것에 대한 동경이나 소망을 품고 있을 뿐, 맛없는 것은 먹고 싶어 하지 않는 본성을 가지고 있기 때문이리라.

하지만 역설적으로 생각해보면 맛있는 음식이란, 맛없는 음식이 있기에 그에 대한 비교로써 이야기할 수 있는 것이다. 그런 점에서 보면 미각문화 속에서는 맛없는 음식의 존재도 중요한 것 중 하나라고 할 수 있다.

음식의 맛있음, 맛없음은 요리에 사용하는 재료, 요리하는 사람의 실력과 솜씨에 의해 좌우되는 것은 당연한 일이지만, 요리하는 사람의 손을 떠난 후에도 그것이 입으로 들어가기까지의 과정 중에 맛이 떨어지거나 그 외의 여러 가지 환경에 의해 변화하는 경우도 있다. 또한 만드는 사람, 혹은 먹는 사람의 심리 상태에 따라서도 맛이 있다, 없다가 결정되는 등 참으로 여러 가지 요인에 의해 좌우된다. 오늘날의 물질문명과 복잡한 사회 속의 음식 가운데는 맛있는 것이 넘쳐날 정도로 많지만, 한편으로는 놀라울 정도로 맛없는 것도 현실적으로 다수 존재한다.

사람이 맛있는 음식을 먹고 싶어 하는 것은 당연한 일이며 맛없는 음식을 굳이 먹으려 하는 사람은 없다. 다시 말해서 '맛없음'이라는 부정적 이미지는 '맛있음'이라는 긍정적 식문화에 대해 공격적이고 파괴적이며 부정적인 성격을 가진 것으로, 그렇기 때문에 '맛없음'은 언제나 공격의 대상이 될 아픈 숙명을 가지고 있는 것이리라.

이 책에서 '맛없는 음식'에 대해 이야기한 것은 결코 흥미를 끌기 위한 목적이 아니다. 여러 맛없는 음식과의 대결을 통해서 그 본질이 대체 어디에 깃들어 있는지, 또 원인과 요인은 무엇인지를 앎으로 해서 '맛이란 무엇인가' 라는 보다 근본적인 것을 살펴보려 하는 데 그 목적이 있다. 그것을 바탕으로 맛있는 음식이란 과연 무엇인가를 생각해볼 수 있다면 이 책의 역할은 그것으로 충분하리라.

Contents

1장

세상의 모든 맛없는 음식

2장

여행자를 위한 식사

3장

날아라! 미각인 비행물체

4장

요리하는 마음

일러두기

본문 중 ( )안의 내용은 저자의 글이고, 본문 옆에 별도로 붙인 것은 옮긴이의 주석이다.

1장

세상의 모든 맛없는 음식

수르스트뢰밍

세계 최고의 악취 음식은 스웨덴의 생선 통조림인 '수르스트뢰밍'이다. 너무나도 강렬한 악취 때문에 다가가려는 사람조차 없어 '지옥의 통조림'이라고도 불린다. 그 통조림 냄새가 얼마나 강한지는 냄새의 강도를 측정하는 '앨러배스터'라는 정밀기계로 수치를 확인해보면 단박에 알 수 있다. 숫자가 클수록 냄새가 강한 것인데, 낫토 352, (참고로 내가 신고 있던 구두 안의 냄새는 187), 굽기 전의 마른 고등어 447, 붕어로 담근 식혜 486, 금방 구운 마른 고등어 1267, 키비악(바다제비를 내장을 빼낸 바다표범의 뱃속에서 발효시킨 것) 1370, 에피큐어 치즈

(뉴질랜드산 통조림 치즈) 1870, 한국의 홍어회가 6230 정도이다. 그런데 이에 비해 수르스트뢰밍은 놀랍게도 8070이었다. 이러니 수르스트뢰밍이야말로 최강의 악취인 것이다.

이 발효 통조림의 원료는 청어이다. 청어에 약간의 소금을 첨가해 커다란 용기 속에서 발효시킨다(1차 발효). 발효균은 주로 유산균인데 그 발효물질이 그토록 지옥의 냄새를 풍기게 되는 이유는 통조림 속에서 발효되기 때문이다. 용기에서 1차 발효를 하고 그 발효가 한참 활발하게 진행될 때 이번에는 커다란(보통의 생선 통조림보다 3배 정도 크다) 깡통에 넣어 밀봉해버린다. 일반적인 통조림은 그 후에 가열살균해서 통 안의 미생물을 사멸시키기 때문에 오래 보존할 수 있다. 그런데 이 수르스트뢰밍은 가열살균하지 않고 그대로 깡통 안에서 2차 발효를 계속한다. 그렇게 하면 통조림 안의 발효미생물이 다시 격렬하게 발효하는데 그때 발생한 탄산가스(CO_2)의 가스 압력 때문에 깡통은 빵빵하게 팽창하여 참으로 기묘한 둥근 모습을 띠게 된다. 그것이 완성품.

그런데 이 통조림은 수입이 허가되어 있지 않다. 거기에는 두 가지 이유가 있다. 우선 식품위생법상 통조림은 일단 가열살균 하도록 되어 있는데 수르스트뢰밍은 그렇게 하지 않기 때문에 위생상의 문제가 있다는 점. 두 번째 이유는 터질 듯 팽창한 통조림은 일촉즉발의 위험성이 있다는 점. 만약 그것이

폭발이라도 하면 지독한 악취가 주위에 가득하고 또 사방으로 튄 발효물질이 주변 사람들의 옷에 묻어 강렬한 냄새를 남기는 등 매우 곤란한 문제가 예상되기 때문이다. 발효미생물은 통조림처럼 밀폐된 환경에서는 과잉발효를 일으켜 강렬한 냄새를 일으키는 성분을 만들기 때문에 수르스트뢰밍의 과격한 악취가 생겨나는 것이다.

한편 이 통조림을 따는 순간 탄산가스와 함께 강렬한 냄새가 기세 좋게 뿜어져 나옴과 동시에 끈적끈적한 생선의 발효물도 튀어나와 처참한 상황이 연출된다.

본고장인 스웨덴에서는 이 '지옥의 통조림'을 딸 때는 세심한 주의를 기울인다. 그래서 통조림을 따는 올바른 방법이 뚜껑에 표기되어 있는데 거기에는 다음 같은 네 가지 주의사항이 적혀 있다.

(1) 캔 뚜껑을 따기 전에 통조림을 냉동실에서 식혀 가스 압력을 낮춰 주세요.
(2) 뚜껑을 따는 사람은 버려도 되는 옷(예를 들어 안 쓰는 우비 등)을 몸에 걸쳐주세요.
(3) 가능하면 집 안에서는 따지 말고 집 밖에서 개봉하세요.

그 다음이 가히 충격적이다. 스웨덴 사람들 정말 대단하다.

(4) 바람 부는 방향에 사람이 없다는 것을 확인한 뒤에 개봉하세요.

그럼 수르스트뢰밍의 냄새와 맛은 어떨까?

그 냄새는 은행알을 밟아 짓뭉갰을 때의 냄새에다 말린 고등어 즙을 뿌리고 똥냄새를 더한다. 또한 거기에 강렬한 생선 젓갈 냄새를 뒤섞은 것 같은 냄새다. 맛은 생선 젓갈 같은데 거기에 탄산수를 섞은 것 같은, 참으로 괴상한 맛이다. 스웨덴 사람들은 이것을 빵에 발라먹는다.

나의 첫 시식 소감은 솔직히 맛있다고는 할 수 없는, 약간 맛없는 종류의 통조림이었다. 이 '약간 맛없는 종류'라는 것이 중요하다. 나처럼 산전수전 다 겪어서 코와 혀가 단련된 사람조차 맛없는 음식의 범주에 넣을 정도의 음식이라면, 평범한 사람이 이 냄새를 맡고 입에 넣는다면 아마 그 자리에서 기절할지도 모른다.

스웨덴의 수도 스톡홀름에서는 매년 8월 1일경에 이 수르스트뢰밍 축제가 열린다고 하니, 운 좋게도 그 무렵에 스톡홀름을 여행할 분들은 꼭 축제에 가서 코를 단련해보시길.

껍질을 벗기지 않은 뱀 요리

동물의 고기란 많이 움직이는 부분이 풍미도 깊고 맛도 좋은 법이다. 그런 면에서 전신이 근육으로 되어 있는 뱀고기는 맛이 진할 뿐만 아니라 감미롭기까지 하다. 그렇기 때문에 수프의 육수를 낼 때 사용해도 참으로 맛이 좋은 훌륭한 식재료 중 하나이다. 특히 이웃나라인 중국은 남쪽으로 갈수록 기후가 따뜻해 뱀이 서식하기에 좋은 환경이라 그 종류와 숫자가 급격하게 늘어난다. 게다가 북방은 보리나 수수를 재배하는 밭농사가 주류를 이루지만, 남쪽은 쌀을 많이 재배해서 논이 있고 그곳으로 뱀의 먹이가 되는 개구리와 쥐가 모여들기 때문에 이 역시 뱀의 숫자가 많은 이유 중 하나이다. 따라서 중국 남부에서는 뱀을 아주 흔히 먹고 있는데 상하이나 샤먼, 쿤밍 등에 가면 거리 곳곳에 뱀 요릿집이 있고 뱀술을 파는 집도 있다. 뱀 요릿집에서는 머리를 썩둑 자르고 순식간에 껍질을 벗긴 뒤 그것을 단칼에 토막 내어 눈에 보이지 않을 정도의 속도로 채소와 함께 기름에 볶아 먹게 해준다.

사실 나도 소년 시절에 후쿠시마 현의 아부쿠마 산지에서 상당한 수의 뱀을 잡아 먹곤 했었다. 양조장 바로 뒷산이나 연못, 늪지 주변에서 뱀을 잡아와 껍질을 벗기고 꼬챙이에 꾸불꾸불 꽂아 불에 구워 우적우적 먹었다. 지금까지 중국을 수십 번이나 여행하는 동안 뱀 파는 집을 발견하면 어린 시절의 감미로운 맛을 잊을 수 없어서 지금도 대부분은 안으로 들어가 맛을 보아왔다.

뱀은 종류에 따라서 맛과 향이 다르다. 일본에서는 살무사와 반시뱀, 중국에서는 우산뱀 등 대체로 독을 가진 뱀이 맛있었다. 뱀을 먹어본 사람들은 대부분이 그 맛을 '닭고기와 비슷하다'고 말하는데 그것은 당연한 일이다. 새의 조상은 아르카이오프테릭스, 즉 시조새로 도마뱀이나 뱀과 같은 파충류가 진화하여 거기에 깃털이 난 것이다. 그렇기 때문에 닭의 깃털을 깨끗하게 뽑고 날개를 잘라내면 닭은 살찐 도마뱀이나 뱀 같은 모양이 된다.

어쨌든 중국에서는 뱀을 중요한 식재료 중 하나로 여기기 때문에 뱀이 많은 지방에는 야생 뱀을 전문으로 잡아 파는 '땅꾼'이라는 사람까지 있다. 솜씨 좋은 땅꾼은 하루에 100마리 이상을 잡는데 호화 저택에서 생활한다고 한다. 다시 말해서 '뱀 부자'이다.

중국 요리에서 '용(龍)'이라는 글자가 들어간 요리는 뱀을 사용했다는 뜻이다. 예를 들어 '용호대채(龍虎大菜)'는 뱀고기와 고양이 고기를 삶은 것이며, '용봉대채(龍鳳大菜)'는 뱀과 닭고기를 넣은 요리이다. 또한 중국에서 뱀 요리를 주문하면 국화꽃으로 장식하는 경우가 많은데 이는 뱀을 먹기 가장 좋은 철이 늦가을로 국화꽃이 필 무렵이기 때문이다. 틀림없이 이 시기의 뱀은 동면을 앞두고 있어 기름기가 충분해서 맛이 좋다.

그런데 아무리 뱀 요리를 좋아하는 나였지만 맛없는 뱀을 먹은 적도 있었다. 중국을 여행하던 중이었다. 구이저우 성의 성도인 구이양 시 옆에 화시라는 마을이 있는데 그곳의 조그만 식당에서 있었던 일이다.

가게에 들어가서 뱀 요리 있느냐고 묻자 주인은 잠시 생각하더니 "있다"고 대답했다. 이 '잠시 생각한 뒤에 대답'하는 것이 대체로 미심쩍은 법이서 순간 불안하긴 했다. 가령 뱀뿐만 아니라 그런 주인의 태도 뒤에 나오는 요리는 대부분 맛없는 경우가 많다는 것을 경험으로 알고 있었다.

살짝 긴장하며 기다렸다. 아니나 다를까. 나온 뱀 수프의 맛이 정말 대단했다. 일반적으로 중국의 수프는 칭탕, 즉 육수를 낸 뒤 걸러 맑게 만든 것이 대부분인데 놀랍게도 그 집의 뱀 수프에는 아무렇게나 토막 낸 뱀이 국물 안에 그대로 들어 있었다. 더 놀라운 것은 국물 아래로 뱀 뼈가 흩어져 바닥에 가라앉아 있었다. 외국 여행객에게 생생한 뱀을 보여줘야겠다고 생각한 주인의 서비스정신에서 나온 행동일까?

어쨌든 오랜만에 마주한 뱀 요리였기에 반가운 마음에 수프 속에 있던 고기 한 점을 젓가락으로 집어 입에 넣었다. 뱀의 근육이라 생각되는 것이었는데 씹어보았지만 별다른 맛이 나지 않았다. 딱딱한 고무 같은 것을 씹고 있는 듯한 기분이랄까. 아무래도 너무 딱딱해서 수프 속의 뱀 고기를 자세히 살펴보니 놀랍게도 껍질을 벗기지 않아 비늘이 붙어 있는 뱀을 그대로 토막 낸 것이었다!

그러니까 뻣뻣한 부분은 껍질이었던 것이다. 뱀은 껍질을 벗긴 뒤 요리하는 것이 당연한데도 주인은 그렇게 하지 않았다. 그리고 국물을 맛보니 이번에는 말로 표현할 수 없는 이상한 맛과 냄새가 났다. 맛은 놀랄 정도로 독하고 짙어서 내가 제일 싫어하는 맛이었다. 품위 있는 뱀 고기 국물을 맛보기 위해 주문한 수프에는 아마도 큰 숟가락으로 5숟가락은 넣었을 것이라 여겨지는, 지금은 중국 요리에 넣지 않는 사람이 없다고 일컬어지는 화학조미료 '웨이징(味精)', 즉 MSG 맛이었다.

한 스푼 입에 넣어 맛을 본 후, 우웩! 구역질이 났다. 뱀에서 나오는 탐미적인 맛은 도외시한 채 화학조미료를 듬뿍 넣어 뱀의 맛은 멀리 만리장성 너머로 날아가 버린 이상한 맛. 거기에는 MSG의 맛만이 '뭐 할 말 있어?'하는 표정으로 군림해 있었다. 이상한 냄새의 정체는 뱀 특유의 비린내였다. 일그러진 얼굴로 뱀 수프를 먹는 내 모습을 멀찍이서 지켜보던 주인은 슬금슬금 주방 안으로 들어가더니 끝내 모습을 드러내지 않았다.

중국의 대도시에 가면 반드시라고 할 정도로 '뱀술집'이 많이 있다. '피곤한데', '감기에 걸린 거 같아'라고 생각되는 사람은 그런 가게를 찾아가 주인에게 상담하면 증상에 따라 잘 듣는 뱀술을 마시게 해준다. 중국의 증류주는 '마오타이'나 '고량주'처럼 알코올 도수 50도를 넘는 매우 독한 것들이 있어서 여러 가지 약재에서 약효 성분을 추출할 수 있다. 중국에 약주가 많은 것 역시 이러한 이유 때문이기도 하다. 윈난 성 쿤밍 시의 뱀술집에서 커다란 항아리에 거대한 뱀 한 마리가 통째로 잠겨 있는 것을 보았을 때는 간이 떨어지는 줄 알았다.

충칭 시에 갔을 때, 뱀술집 주인을 약 올릴 생각으로 가게에 들어서자마자 "나는 여자에게 인기가 너무 많아서 어려움을 겪고 있소. 매일 밤 전쟁을 치르기 때문에 요즘에는 태양도 노랗게 보일 정도야. 어때, 이런 나를 단번에 강하게 해줄 만한 뱀술 있나?"라고 허풍스레 말했더니 그 집 주인도 보통내기는 아니었다.

"나도 여자에게 인기가 너무 많아서 처치곤란일 정도지만 손님처럼 태양이 노랗게 보이는 일은 없습니다. 오히려 장밋빛으로 보입니다. 그건 말입니다, 바로 이 뱀술 때문입니다. 우리 집 뱀술은 워낙 전설적이어서 아침에 한 잔이면 충분합니다. 아침 한 잔이면 밤에 세 번이니까요."

나도 지지 않고, "그, 그런가? 그럼 나한테도 그 술을 한 잔 줘보게"라고 말하자 주인은 이번에도 싱긋 웃으며 선반에서 세 종류의 뱀술을 꺼내어 혼합 뱀술 칵테일을 만들어 주었다. 시커먼 뱀이 든 술, 줄무늬가 선명해 맹독성으로 보이는 뱀술, 황록색으로 매우 커서 한번 물리면 살아남을 수 없을 것처럼 으스스한 뱀이 든 술, 이렇게 3종류였다.

그것을 단숨에 들이켰으면 좋았을 텐데…, 지금 생각해도 아찔하다. 양조학자이기도 한 나의 평소 습관이 발동해서 시음하듯 입 안에서 오물오물 맛을 보고는 된통 당하고 말았다. 입 안에 역겨울 정도로 뱀의 비린내가 감돌았는데 정말 견딜 수가 없었다. 비린내라기보다는 날달걀의 그 풋내를 10배쯤 강하게 하고 거기에 민물고기의 미끌미끌한 표면에서 나는 비린내를 몇 겹으로 덧칠한 듯한 강렬한 냄새였다. 뱀술 연구가들의 연구에 의하면 그 비린내의 정체는 '휘발성함유화합물군'이라고 한다. 그런 이상한 냄새를 가진 뱀술을 단번에 훅 삼키는 것은 아마도 뱀의 비린내가 코에 전해지지 않도록 얼른 위속으로 집어넣으려는 방편일 것이다.

그때 내가 주인에게 "우와, 뱀 비린내!"하고 말했더니 주인이 받아치기를, "우후후후. 그렇습니까? 바로 그겁니다. 그게 효과가 있는 겁니다" 라고 큰소리를 쳤다. 그러면서 얼른 들이켜라고 자꾸 권하기에 나는 그 비리고 풋내 나는 뱀술을 눈을 꾹 감고 마셔버렸다. 그건 맛이 있고 없고의 문제가 아니었다. 먹을 것이란 식욕을 거스르면서까지 억지로 입에 넣으면 맛없는 것은 생리적으로 뻔한 일. 어쩌면 당연하다고 해도 좋을 것이다.

그날 밤, 주인의 말을 곧이곧대로 받아들여 몸의 변화를 기다렸다. 그러나 특별히 아무런 조짐도 보이지 않았고, 그렇게도 맛없는 것을 꿀꺽 삼킨 보답은 결국 무엇 하나 얻지 못했다. 이런 정력제는 효험이 있는 사람과 없는 사람이 따로 있는 것인가.

또 한 번은 중국의 광시좡족 자치구 싼장 현 첸양의 촌장 댁에 묵었을 때 마신 뱀술은 정말 평생 잊을 수 없을 정도로 지독한 것이었다. 우연히 그곳 촌장 댁에서 묵게 되었는데 근처에 사는 동네 사람들이 나를 환영한다며 몇 십 명이나 모여들었다. 그러고 얼마 지나지 않아서 한바탕 잔치가 벌어졌다. 그들은 자신의 집에서 만든 술을 작은 단지에 담아가지고 와서 부어라 마셔라 하며 요란스러운 잔치가 벌어졌다. 떠들썩한 것을 좋아하는 나였기에 건배를 거듭하다가 점점 기억이 희미해지는가 싶더니 곧 의식불명 상태에 빠져버리고 말았다.

한밤중 목이 말라 괴로운 중에 눈을 떠보니 새카만 어둠 속에 누워 있었다. 어? 여기가 어디였더라, 하고 한참 생각했을 정도로 술에 취해 있었다. 어느 정도 시간이 지나자 촌장의 집에서 자고 있었다는 사실을 깨달을 수 있었다. 그 순간 갑자기 맹렬한 구토가 엄습해오고 눈앞이 빙글빙글 맴돌았다. 지독하게 취했구나 싶었지만 새카만 어둠 속에서는 어떻게 해볼 도리가 없었다. 게다가 견딜 수 없는 갈증에 물을 마시고 싶었다. 하지만 어두워서 움직일 수가 없었다. 그대로 거기에 토해내고 싶었지만 그럴 수도 없었다.

어쨌든 여기에서 벗어나 물이 있는 곳으로 가자며 바닥을 기기 시작했다. 그런데 얼마 가지 않아 무엇인가에 머리를 부딪쳤고, 다시 다른 방향으로 기어가다가 몸을 부딪쳤다. 이거 어쩐다지. 전등도 제대로 갖춰지지 않은 가난한 마을이었기에 아무리 촌장의 집이라고 해도 한밤중에 불을 켤 방법은 전혀 없었다. 양발 양손 모두를 바닥에 댄 채 한동안 있자니 다시 구역질이 맹렬하게 엄습해왔다. 으윽, 괴로워하며 이번에는 뒤로 기었는데 다행스럽게도 병 몇 개가 발에 부딪쳤다. 순간 앗, 물이다! 하고 생각했다. 그렇게 생각하고 싶었다. 그런 극한의 상태에서 술이라고 생각할 사람은 아무도 없을 것이다. 어쨌든 물이 마시고 싶었다. 그랬기에 그 병들 중 하나를 더듬더듬 찾아 손에 쥐고 뚜껑을 연 뒤 꿀꺽꿀꺽 두 모금을 마셨다.

잠시 후, 우왓! 하고 소리를 지르고 말았다. 그것은 아주 오래 된, 낮이었다면 틀림없이 간장만큼이나 새카맣게 보였을 것이라 여겨지는 오래 묵은 술이었다. 아차! 싶었지만 이미 늦었다. 다음 순간 아주 강한 떫은맛이 입 안에 전해졌다. 입 안이 얼얼해지기 시작했다. 아주 오래 묵은 냄새와 기름이 산화했을 때의 코를 찌르는 듯한 냄새. 이렇게 맛없는 술은 지금까지 먹어본 적이 없다고 생각한 순간, 목구멍 끝까지 올라와 있던 토사물이 폭발하듯 울컥 넘어와 그 자리에서 입 밖으로 쏟아지고 말았다. 그리고 결국은 날이 밝을 때까지 토하다가 쓰러지고, 다시 일어나서는 토하기를 거듭했다. 목구멍과 입 안에는 끈질기게 묵은 술 냄새와 산화한 기름 냄새, 그리고 거기에 뒤따르는 아린 맛이 남아 있어 그것이 느껴질 때마다 다시 구역질을 해댔다. 게다가 목이 바싹바싹 타들어갔기 때문에 신음소리조차 모기가 우는 듯 가느다란 것이었고, 이리저리 몸부림치며 괴로움을 견뎠다.

고통의 밤이 지나고 동쪽 하늘이 약간 밝아지며 아침이 되었다. 밤새 뒹군 탓에 썩은 동태 같은 눈으로 조금 전에 마셨던 술병을 본 순간, 나는 절망했다. 병 안에는 새카매진 뱀 한 마리가 똬리를 틀고 있었다. 어젯밤 각자 귀중한 술을 들고 온 마을 사람들 가운데 "20년 전에 담근 거야"라며 자랑하던 사람의 얼굴이 흐릿하게 떠올랐다. 뱀술의 병 위쪽에는 뱀의 몸에서 녹아나온 둔탁한 황갈색 기름이 두껍게 떠 있었다. 20년이나 전에 담근 술, 20년이나 전의 뱀, 20년 동안이나 산화된 뱀의 기름. 입 안을 찌르는 듯 아렸던 맛은 오래 된 술과 뱀의 성분과 산화된 뱀의 지방 때문이었던 것이다.

지금 생각해도 소름이 돋을 정도 끔찍한데, 어쨌든 죽을 만큼 맛이 이상한 뱀술이었다.

곤충의 맛

오늘날 생존을 위해 벌레를 먹는 민족이 극히 드물긴 해도 지구상에 남아 있기는 하다. 단백질의 공급원 중 하나로 벌레를 중요시하는 것은 아마존 오지의 부족과 아프리카 사막에 살고 있는 사람들의 일부, 파푸아뉴기니의 고지 민족의 일부, 캄보디아 고지대의 쿠메르족 등이다.

벌레는 조직적인 사냥을 필요로 하지 않고 언제나 가까이에 있으며 크게 머리를 쓰지 않아도 잡을 수 있기 때문에 지금은 호사가들의 진미로 귀중히 여기는 곳도 적지 않다. 오늘날 일본에서도 지역에 따라 메뚜기나 강도래, 날도래의 유충인

자자무시, 벌의 유충, 번데기 등을 먹는 곳도 있다.

벌레 가운데는 참으로 맛있는 것들이 많다. 나는 지금까지 꽤 많은 벌레와 유충을 먹어봤는데 맛있었던 순위를 매겨보면, 1위는 장수풍뎅이 애벌레, 2위는 일본의 메뚜기, 3위도 일본의 벌의 유충, 4위는 중국에서 먹었던 죽충(竹蟲)이라는 것, 5위는 캄보디아 라타나키리 주 고지대 쿠메르족 마을에서 먹었던 붉은개미였다.

장수풍뎅이 유충인 굼벵이와 벌의 유충은 질냄비에 넣고 소금과 함께 달달 볶는 것만으로도 놀랄 만큼 맛있었고, 죽충은 성충과 유충을 기름에 그대로 튀긴 것, 붉은개미는 짓이겨서 소금 간을 한 것이 맛있었다. 그리고 캄보디아에서 먹은 물방개 튀김도 환상적인 맛이었다. 그 외에 오스트레일리아와 베트남, 미얀마, 라오스 등에서도 여러 가지 벌레를 먹어봤는데 맛있는 것이 많았다.

맛있는 벌레 가운데서 특히 기록해둘 만한 것은 태국 북부에서 구입한 물장군의 액젓이었다. 넘플라(numpla, 생선 액젓)가 든 네 홉짜리 병 속에 거대한 물장군 몇 마리를 넣어 파는 것을 3병 사서, 그 중 한 병을 열어 맛보았는데 물장군 특유의 강렬하고도 신비한 냄새가 입 안으로 퍼져 단번에 매료당하고 말았다. 이게 바로 세상에서 말하는 '마성의 향기'가 아닐까 하는 생각마저 들었다. 송이버섯의 향을 강하게 한 것에 독한 향수 냄새가 섞인 것 같은 느낌으로 매우 탐미적이고 야릇한 냄새였다.

벌레는 서로 다른 냄새를 가지고 있어서 그 냄새로 동족을 식별하기도 하고 자손 번식을 위해 사용하기도 한다. 벌레의 멋진 기능을 발휘하기 위해서 냄새는 반드시 필요하다. 귀국 후, 그 물장군 액젓을 들고 가서 만화가인 쇼지 사다오 씨와 둘이서 식사를 했는데 쇼지 씨는 이미 물장군 액젓 냄새의 매력을 알고 있었기에 그 선물을 매우 기뻐했다. 얼마 전에도 방콕에 갈 일이 있어서 그 마성의 액젓을 구하려 했으나 방콕에서는 구할 수가 없었다. 태국 북부를 여행하는 분들에게는 꼭 권하고 싶은 진품이다.

멕시코에 '메스칼(Mescal)'이라는 술이 있다. 용설란의 수액을 발효시켜 증류한 술로, 테킬라라는 마을에서 만들어지는 것을 특별히 테킬라(Tequila)라고 하는데 그 메스칼에 벌레를 담근 술을 마셔본 적이 있다. 참으로 야생의 맛이 느껴져 기분이 좋았다. 메스칼은 알코올 도수가 높아 혀에 알싸함이 느껴지는 술인데 거기에 벌레의 번데기나 유충을 넣으면 자극이 약해져 부드럽게 숙성된 맛이 나기 때문에 마시기가 편해진다. 벌레의 몸에서 녹아나온 아미노산이나 펩티드 등과 같은 성분이 혀의 감각에 완충제 역할을 하는 것이라고 한다. 재미있는 지혜다.

여러 나라를 돌아다니며 곤충이나 벌레를 먹어온 내게 맛있는 벌레만 있는 것이 아니라, 오히려 맛없는 것이 더 많았다. 한번은 노린재의 유충이 아주 맛있고 진미라는 얘기를 들은 적이 있어서 꼭 한번 먹어봐야겠다고 생각했다. 특유의 야릇한 냄새를 갖고 있어서 '방귀벌레'라는 이상한 이름이 붙은 벌레이다.

그래서 노린재가 산다는 누리장나무(마편초과의 낙엽 관목)를 살펴보니 유충이 그 나무껍질 사이에 박힌 채 포동포동 살이 쪄, 알이 굵은 구더기 같은 모습을 하고 있다는 사실을 알게 되었다. 그리고 몇몇 음식사전에도 이 노린재 유충(번데기)의 맛에 대한 기록이 있는데, 예를 들면 '코가 떨어질 듯한 성충의 악취와는 달리 희미하게 장미꽃을 떠오르게 하는 달콤하고 탐미적인 냄새를 가지고 있으며, 맛도 달콤하고 품위가 있다'고 적혀 있기도 했다.

자나깨나 '장미꽃을 떠오르게 하는 맛'을 고대하며 이바라키 현과 도치기 현 인근의 야미조 산간 지역에 살고 있는 친구, 일명 '야미조의 욧샹(나는 야미조 타잔이라고 부른다)'에게 노린재 유충을 구하면 아무 때라도 좋으니 보내달라고 신신당부해 두었다.

그로부터 3년쯤 지난 6월 중순, 야미조 타잔이 작은 종이 상자에 그 유충을 100마리 정도 담아 보내주었다. 귀중한 물

건에 걸맞게 소중히 적은 손편지도 함께 들어 있었다.

'노린재의 유충을 보내네. 나무껍질 속에 빼곡하게 들어 있던 것을 핀셋으로 한 마리 한 마리 집어내서 모았다네. 질냄비에 볶아 먹으면 맛이 좋다네. 마무리 직전에 간장을 몇 방울 떨어뜨려 먹게.'

나는 설레는 가슴을 억누르며 친구가 가르쳐준 대로 정성스레 질냄비에 볶다가 요리가 마무리될 즈음 간장도 몇 방울 떨어뜨렸다. 정말 구더기처럼 생겼고 약간 우윳빛이 감도는 뽀얀 빛깔이었다. 요리 전에는 아주 부드러워서 연두부를 손가락으로 만지는 것 같은 느낌이었으나, 요리를 마친 것은 딱딱하게 변해서 구운 두부처럼 탄탄한 느낌으로 바뀌었다.

어디 먹어볼까! 설레는 마음으로 몇 마리를 입 안에 던져 넣고 씹기 시작했다. 유충이 이빨 사이에 껴서 톡! 하는 파열음을 남기며 터지더니 뒤이어 입 안으로 끈적끈적한 벌레의 내용물이 흘러나오기 시작했다. 달달하다고 생각한 바로 그 순간, 이번에는 노린재 성충의 냄새만큼이나 요상한 냄새가 맹렬하게 코를 찔렀다. 그리고 그 냄새는 얼마나 버티나 보자며 입 안에서 난동을 부리기 시작했다. 입 안의 탐미적인 감미로움은 어디론가 사라져버리고 환멸 상태에 빠져버리고 말았다. '희미하게 장미꽃을 떠오르게 하는 달콤하고 탐미적인 냄새'는 무슨 개뿔! 결국은 이 냄새까지도 궁극의 맛이라고 생각하는 사람만이 이 벌레를 마성의 냄새, 탐미적인 냄새라고 느끼는 것인가.

번데기에 대한 기억으로는 신슈의 이이다 시와 이나 시 인근의 농가에서 먹었던 누에 번데기의 냄새를 잊을 수가 없다. '누에고치'라고도 불리는 이 번데기는 풍부한 영양소, 특히 단백질과 지방이 많아 예전에는 귀중한 단백질원으로 여겨져 왔다. 그때 내가 먹은 것은 3센티 정도의 통통하게 살이 오른 흑갈색 번데기로 쓰쿠다니•처럼 진하게 삶은 것이었다. 맛은 진하고 기름기가 흘러 분명 맛있다는 느낌은 들었으나 특유의 냄새가 코를 찔렀다. 그 냄새를 잘 분석해보니 날달걀의 비린내에다 불단에 놓인 향 타는 것 같은 냄새도 섞여 있었다. 씹어보니 입 안에서 번데기가 흐물흐물해지면서 향냄새가 번져 아주 맛없다는 생각이 들어서 식은땀을 흘리며 삼켰다.

쓰쿠다니(佃煮) 조림의 일종

매미의 유충은 태국이나 베트남의 산 속에서도 자주 먹었는데 중국의 '쿠이화차이(桂花菜)'라 불리는 요리는 먹을 만했다. 매미의 유충을 채소와 함께 기름에 볶은 것인데, 냄새가 독한 바이주(白酒, 일본에서 말하는 본격 소주)와 궁합이 아주 잘 맞았다. 매미의 유충이 의외로 맛있다는 사실을 중국에서 알았기에 한번은 아부쿠마 산 속에서 나무에 앉아 울고 있는 매미를 매미채로 잡아서 유지매미, 저녁매미, 참매미, 애매미를 먹어본 적이 있었다. 살아 있는 매미의 날개를 떼고 종류별로 대나무 꼬챙이에 서너 마리씩 꿰어 모닥불에 적당히 구웠다. 다 구워지자 간장을 약간 발라 먹었는데 성충에서는 유충과는 비교가 되지 않을 정도로 이상한 냄새가 강했다. 맛은 씁쌀하고 아린 맛이었는데 거기에 이상한 냄새가 코를 찔러 거부감이 들었다. 그 중에서도 유지매미의 냄새가 특히 강렬했는데 오징어젓이 삭은 듯한 특유의 냄새가 코를 찔렀다. 대체적으로 매미의 성충은 맛이 없다고 생각했다. 밀잠자리의 날개를 떼어내고 머리, 다리, 꼬리까지 제거하고 남은 조그만 몸통을 대나무 꼬챙이에 끼워 구워먹은 적도 있었는데 그건 매미보다 훨씬 먹기에 편했다.

오각장수풍뎅이는 세상에서 가장 큰 장수풍뎅이다. 동남아시아에 4종, 뉴기니에 1종이 분포해 있는데 태국, 말레이시아, 미얀마의 산에 특히 많다. 몸집이 아주 큰 대형 곤충으로 크기가 10센티미터나 되는데, 밤에 사람이 쫓거나 하면 굉장한 날갯소리를 내며 반대로 공격을 해올 정도로 사납다. 나는 이 오각장수풍뎅이를 미얀마의 산악지대에서 먹어본 적이 있다. 우선 날개를 뜯어내고 꼬챙이에 끼워 구운 후, 영양이 풍부한 내장부터 먹으라는 현지인의 말에 따라 내장부터 먹어보았다. 내장 부분은 꽤나 양이 많은 듯 묵직한 느낌이었다. 덥석 한입 베어 물어 씹기 시작하자, 설구워진 듯 입 안이 곧 끈적거리기 시작했다. 벌레의 내장에서 점액질이 나오는 것 같은 느낌, 입 안의 끈적끈적한 것에서 실이 늘어지는 것 같은 느낌이었다. 그리고 묵은 젓갈 같기도 하고 흙내 같기도 하고 마른 잎 같기도 한 이상한 냄새가 나서, 이것 역시 삼키는 데 꽤나 고생을 했다.

중국에는 유난히 정력에 관한 속설이 많다. '갯지렁이를 먹으면 여성은 영원히 젊음과 아름다움을 유지할 수 있으며, 멋진 남성에게 사랑받고 싶은 여성이 갯지렁이를 먹으면 소원이 이루어진다'거나, '남편이 아내보다 먼저 세상을 떠나도 갯지렁이를 먹으면 새 남편을 맞아들일 수 있다'는 식이다.

중국에서는 그 갯지렁이(바다의 얕은 곳이나 바위에 살고 있는 길고 가느다란 참갯지렁잇과의 생물. 낚시의 미끼로 쓴다.)를 '사잠(沙蠶)'이라고 해서 예로부터 남부 해안지방에서는 식용을 한다. 중국의 식재료 사전에 '사잠은 맛이 좋으며 가장 귀하게 여기는 것은 일본산이다. 중국에서는 일반적으로 몇 마리를 실로 묶어 기름에 튀겨 먹는다'라고 적혀 있다.

그래서 한 번은 바닷가 낚시도구 판매점에서 갯지렁이를 사와서 중국식으로 기름에 튀겨 먹어본 적이 있다. 살아 있을 때는 비린내가 강했지만 기름에 튀기니 그 냄새는 사라지고 향기로운 풍미로 꽤나 맛이 있었다. 또한 중국에서는 갯지렁이를 소금에 절이기도 하는데 그것이 종종 발효해서 젓갈처럼 된 것이 진미라고 한다.

사실 일본의 산리쿠 지방에는 갯지렁이의 일종을 재료로 해서 담근 '에라코 젓갈'이 있다. 에라코는 암초에 붙어서 무리 지어 사는 갯지렁이와 비슷한 생물로 크기는 4~5센티미터나 된다. 리쿠젠 다카다 시에 갔을 때 이것을 채취해 집에 가져와서 날것을 먹어본 적이 있었는데 비린내와 강렬한 갯내 때문에 도저히 먹을 수가 없었다. 그래서 소금을 뿌려 젓갈로 담근 뒤 5일 동안 묵혔다 먹어보았더니, 불쾌했던 냄새는 완전히 사라지고 없었으며, 뒷맛은 해창젓(해삼의 창자로 담근 것으로 매우 값비싼 진미)과 비슷했다. 이거 괜찮은데 싶어 해창젓을 먹는 방법과 같이 얇게 채썬 오이에 무쳐 먹어보니 훌륭했다. 그처럼 냄새 지독하고 맛없던 것이 이렇게 훌륭한 맛으로 변하다니, 미생물에 의한 발효작용에는 언제나 감탄스럽다.

까마귀 고기

까마귀 고기는 냄새가 나고 맛이 없었다. 한번은 도호쿠 지방의 한 온천장에서 까마귀의 '촛불 구이'라는 것을 맛본 적이 있었다. '촛불'이란 어두울 때 켜는 그 촛불을 말한다.

그 온천장에서 3일 정도 묵었는데 주변에 까마귀가 정신없이 날아다니는 것을 보고 나는 온천장 주인장에게 "까마귀 고기 맛있나요?"라고 물어보았다. 그러자 주인장 지체 없이 "맛없어서 못 먹어요. 어쨌든 고기에서 냄새가 나는데, 그 냄새가 오랫동안 머릿속에 남는 냄새라 참을 수가 없어요"라고 말했다. 머릿속에 남는 냄새라… 굉장히 음습하고 좋지 않은 냄새이리라. 순간 나는 한 번이라도 좋으니 도전해보고 싶다는 생각이 들어 주인장에게 말했더니, "그럼, 그렇게 합시다. 까마귀는 덫으로 언제든 잡을 수 있으니 내일 저녁에 드실 수 있게 하죠"라고 약속해주었다.

다음 날 저녁, 주인장은 약속대로 새까만 까마귀 한 마리를 들고 온천장 뒤 공터로 나를 안내했다. 그 까마귀는 전날 뒷산에 놓은 덫에 걸린 것이라고 했다. 정말 대단하다. 가까이서 보니 까마귀라는 야생의 새는 생각보다 컸다.

털을 정성스럽게 뽑고 나니 드러난 피부는 전체적으로 거뭇해서 한눈에 보기에도 맛없는 새라는 생각이 들었다. 주인장은 조류 요리의 정석대로 손질을 시작했다. 꿩이나 산새처럼 맛있는 야생 새는 내장도 소중히 다루지만 주인장의 말에 의하면 까마귀는 내장의 냄새가 특히 지독하기 때문에 그냥 버린다고 한다. 손질하는 모습을 지켜보았는데 새의 껍질이라고 해야 할지, 살갗 부분은 거뭇하게 보였으나 고기는 선명하게 붉은 빛이 감돌아 꽤 아름답다고 생각했다.

드디어 요리가 시작됐다. 주인장은 커다란 도마에 가슴살과 넓적다리 살, 날개 살 등을 올려놓고 식칼로 다지기 시작했다. 그것도 참으로 끈질기게 오랫동안 다졌다. 머리에는 수건을 동여매고, 입에는 담배를 문 채 손에는 식칼, 도마 위에는 까마귀 고기. 주인장의 그 모습과 풍모가 참으로 재미있게 보였다.

그렇게 한참을 다진 뒤 까마귀 고기는 흐물흐물, 페이스트 상태가 되었다. 그런 다음 주인장, 이번에는 대파 세 뿌리와 알이 굵은 마늘 두 개를 잘게 썰더니 그것을 까마귀 고기에 섞어 다시 다지기 시작했다. 까마귀 고기와 대파와 마늘이 하나가 되어 더욱 흐물흐물해지자 이번에는 그 전체 고기 양의 4분의 1쯤 되는 미소(일본의 된장)를 넣고 밀가루도 뿌린 뒤 다시 다졌다. 밀가루는 '찰기 있게' 하는 역할을 위한 것이리라. 오래도 다지는구나 하며 바라보고 있자니 이번에는 그 위에 상당한 양의 시치미• 고춧가루를 뿌렸다. 까마귀 고기는 어느새 선명한 붉은 색깔을 잃고 약간 흰빛이 감도는 된장 색으로 변해 있었다.

시치미(七味) 일곱 가지 양념

그 다음 작업이 강하게 흥미를 끌었다. 미리 준비해둔 30센티 정도의 대나무 꼬챙이에 다진 고기를 감싸듯 붙이더니 어묵바처럼 만들었다. 대나무 꼬챙이가 초의 심을 연상시키기에 까마귀 '촛불 구이'라는 이름이 생긴 것이리라. 온천장 주인은 까마귀 고기 바를 5개 만든 뒤, 모닥불을 피워 불 가장자리에 고기 바를 세워 굽기 시작했다. 맛없다고 말한 것에 비해 주인장이 꽤나 열심히 그 까마귀 요리를 하는구나 싶었다. 맛없는 까마귀 고기를 이렇게 정성스럽게 요리해주다니 약간 미안한 마음이 들기도 했으나, 나를 위해서 열심히 만들어주는 것을 보고 고맙다는 생각도 들었다.

그렇게 오랜 시간을 들여 알맞게 구워진 까마귀 고기를 접시 대신 머위 잎에 얹어 내주었다. 그 중 하나를 집어 우선 냄새를 맡아보았다. 고소한 향기가 식욕을 돋우었다. 맛있겠다 싶어 덥석 한입 베어 맛을 보았다. 순간 '맛있다!'고 생각했다. 닭고기의 쓰쿠네야키*와 비슷하다는 생각이 들었다. 이거 맛있는데, 하며 꼭꼭 씹고 있자니 까마귀 고기에서 나온 좋은 맛과 된장의 진한 맛이 하나가 되고, 거기에 시치미 고춧가루의 매콤하고 짭짤한 맛이 더해져 입 안은 더욱 좋은 상태가 되었…으…나… 그런데… 마침내 올 것이 오고 말았다!

* 쓰쿠네야키: 다진 생선살이나 닭고기에 계란, 녹말을 섞어 경단처럼 만들어 기름에 튀긴 것

지금까지 한 번도 맡아본 적이 없는 기묘한 냄새와 구린내가 천천히 코에 느껴지기 시작했다. 커다란 마늘 두 알의 강렬한 냄새조차 삼켜버릴 정도로 강한 까마귀 고기의 냄새였다. 그리고 고기를 씹으면 씹을수록 그 음습한 냄새는 점점 강하게 코를 찔렀다. 이와 이 사이에서 짓이겨져 더욱 다져진 고기는 침에 녹아 액체 상태에 가까울 정도로 흐물흐물하게 부드러워져 있었는데 그것을 삼키기 직전의 기묘한 냄새 때문에 도저히 삼킬 수가 없었다. 세계를 돌아다니며 지구상의 수많은 기이한 음식을 맛봐온 '미각인 비행물체'인 나조차도 가끔 이런 복병을 만나면 갑자기 꽁무니를 빼고, 아니 혀를 빼고 싶어지는 법.

그 까마귀 고기의 냄새, 대체 무엇과 비슷할까 라는 것은 오래 생각할 필요도 없었다. 입에 넣는 순간 그 냄새와 아주 비슷한 냄새가 떠올랐기 때문이었다. 그것은 불단이나 무덤 앞에 피워놓는 향이었다. 그 향 연기의 냄새와 매우 비슷했다. 어렸을 때 불단에 올린 떡이나 과자를 가족들 몰래 훔쳐 먹곤 했는데 거기에는 이상하게 향냄새가 배어 있어 맛도 반감되었던 기억이 있는데, 까마귀 고기에도 그 냄새가 꽤 강하게 배어 있어서 역겨움 때문에 삼킬 수 없었던 것이다.

하지만 나를 위해 그렇게 열심히 고기를 다지고 조리해서 구워준 온천장 주인장을 생각하니 더 이상 망설일 수가 없었다. 게다가 내가 먹어보고 싶다고 먼저 요청했으니 눈을 질끈 감고 삼킬 수밖에. 에잇, 하는 심정으로 그 흐물흐물해진 까마귀 고기를 꿀꺽 삼켰다. 삼켜야 할지 뱉어야 할지 망설이는 동안 계속 입 안에 물고 있었기에 목을 넘어갈 때에는 약간 미적지근한 느낌이 들었다. 삼키는 순간에는 그 음식의 냄새가 한층 더 코를 찌르는 법인데 그때의 까마귀 고기도 목구멍을 넘어간 직후에 냄새가 코를 찔렀기에 곧 욱 하고 토하고 싶은 기분에 휩싸였다.

결국 까마귀 촛불 구이 한 꼬챙이를 먹기 위해 식은땀을 흘리며 고투를 펼쳤다. 연기 냄새가 나는 음식인 훈제나 햄 등은 아주 좋아하지만 같은 연기 냄새라도 향을 떠올리게 하는 냄새가 강렬하게 배어 있는 것은 몸이 거부 반응을 보일 정도로 맛없다는 사실을 알게 되었다.

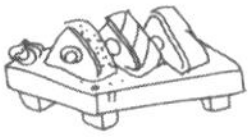

비닐봉투 속의 맥주

누가 뭐래도 맥주는 차가워야 제맛이다. 미적지근하거나 뜨뜻한 것은 맛이 없다. 그 이유는 과학적으로도 분명히 설명할 수 있는데, 우선 맥주 온도와 거기에 녹아 있는 탄산가스의 관계를 들 수 있다.

고체가 물에 녹을 때는 일반적으로 물의 온도가 높을수록 잘 녹는 법이지만, 탄산가스와 같은 기체는 반대로 차가울수록 잘 녹는다. 이것은 물리화학의 법칙으로, 맥주는 차가운 편이 거기에 녹아 있는 보존 탄산가스의 양이 많아지기 때문에 맛있어진다. 미지근한 맥주의 마개를 따는 순간 거품(탄산가스 때문에 일어난다)이 뿜어져 나오는 현상도 한 예이다. 맥주의 온도가 높아져 탄산가스가 잘 녹지 않기 때문에 녹지 못한 가스가 뿜어져 나오는 것이다. 한편 너무 차가워져서 0도에 가까운 맥주는 컵에 따라도 거품이 거의 일어나지 않는데, 이는 차가운 맥주에 탄산가스가 완전히 녹았기 때문이다.

거품은 맥주의 생명이라 할 수 있다. 탄산이 맥주에 적당히 녹아 있으면 목 넘김이 아주 상쾌해져서 맛있게 마실 수 있다.

중국 여러 지방이나 동남아시아 각지의 시골에 가면 냉장고가 아직 보급되지 않은 곳이 있는데 그런 곳에서 맥주를 마시면 대부분 미지근해서 참으로 맛이 없다. 맥주를 좋아하는 내 친구 한 명은 그런 곳을 여행할 때면 낚시꾼들이 사용하는 아이스박스를 일본에서부터 현지까지 가져가, 아침에 호텔을 나설 때 얻은 얼음을 아이스박스 안에 채운 뒤 캔맥주나 병맥주를 넣어가지고 다니며 차갑게 해서 먹는다. 정말 대단하다는 생각이 들 정도인데, 어쨌든 그렇게까지 해서 차갑게 한 맥주의 맛은 참으로 특별하다.

몇 년 전 미얀마의 수도 양곤 시에 갔었는데 시내 곳곳에서 맥주를 손님이 원하는 양만큼 담아서 파는 것을 보고 깜짝 놀랐다. 양곤에서는 지금도 끈이 달린 비닐봉투에 맥주를 사가지고 돌아다니는 아저씨들의 모습을 흔히 볼 수 있다. 이거 재미있다 싶어 나도 사보았다. 1리터를 주문하자 점원은 통에서 계량기로 1리터의 맥주를 투명 비닐봉투에 담아 건네주었다. 1리터에 200차트(1달러=1000차트)였다. 여기서 내가 가장 주목한 것은 맥주의 액체 부분만 1리터인가, 거품 부분까지 1리터 안에 들어가는가, 하는 점이었다. 이것은 사는 사람 입장에서 보자면 중요한 문제이고, 파는 쪽에서도 이윤과 관계있는 것이어서 서로 치열하게 흥정을 하게 되는 부분이다.

어쨌든 결론을 말하자면, 참 대단하다. 거품 아래의 액체(맥주)만을 정확히 재서 판매하고 있었다. 거품이 가라앉아 거품과 맥주 사이에 생긴 구획선으로 손님이 1리터를 확인한 뒤 안심하고 맥주를 비닐 봉투에 담게 한 뒤 200차트를 내는 식이다. 이런 맥주집 앞에는 항상 사람들이 길게 줄을 서서 순서를 기다리는데, 앞 사람이 구입한 맥주 거품이 좀처럼 가라앉지 않아 맥주가 1리터의 구획선까지 도달하는 데 시간이 걸리기 때문이었다.

마침내 내 순서가 왔다. 1리터의 맥주를 봉투에 담기까지 5분 걸렸는데 그나마 거품이 빨리 가라앉은 편이었다. 어쨌든 비닐봉투 안의 맥주를 바로 맛보기로 했다. 비닐봉투에는 친절하게도 빨대가 하나 달려 있어서 그것으로 쪽쪽 맥주를 마신다. 그건 마음에 들지 않았다. 맥주는 쪽쪽 빨아 먹을 것이 아니라 벌컥벌컥 들이마셔야 제맛이기 때문이다. 게다가 미지근해서 더욱 맛이 없었다.

비닐봉투에 든 맥주를 사가는 사람들을 옆에서 지켜보고 있자니 봉투 안의 액체가 갈색인 데다 거품까지 떠 있다. 그 모습은 마치 자신의 소변을 봉투에 담아 들고 다니는 것처럼 보였다. 그런 생각이 들자 나도 소변이 든 봉투를 들고 있는 것 같다는 느낌이 들어 한층 더 맛없게 여겨졌다.

이번에는 일본 얘기. 세상이 넓다고는 해도 일본의 맥주만큼 맛있는 것도 드물다. 어디서 마셔도 차갑게 잘 보관되어 있고 거품도 적당하며 부드러운 맛이 있는가 하면 시원한 맛도 있고, 다양한 종류를 즐길 수 있다. 아사히, 기린, 삿포로, 산토리, 오리온, 긴카코겐 등과 같은 대기업의 맥주는 세계 어느 시장에 내놓아도 부끄럽지 않다.

하지만 일본의 맥주라고 해서 반드시 맛있는 것만 있는 것은 아니다. 주세법에도 규제완화가 시행되어 몇 년 전부터 이른바 '지역맥주'가 전국 각지에 난립하기 시작했다. 북쪽으로는 홋카이도에서부터 남쪽으로는 오키나와까지, 지역맥주 회사가 없는 곳은 손가락으로 헤아릴 정도인데, 그곳에서 여러 가지 품질의 맥주가 만들어지고 있다. 그 중에는 대기업의 맥주에도 뒤떨어지지 않는 품질의 것도 있어서, 단번에 그 팬이 되어버린 사람도 적지 않다. 이 지역맥주의 좋은 점은 각각의 양조장이 대기업 맥주에서는 불가능한 자신만의 개성을 가진 맥주를 빚어낸다는 점에 있다. 바로 이 점을 차별화하고 있는 것이다.

그런데 아무리 개성을 표현한 맥주라고 해도 어느 정도라야지, 개중에는 정도를 넘어 이상한 풍미를 가진 맛없는 맥주가 있는 것도 사실이다.

나는 지금까지 전국 각지의 지역맥주를 마셔봤는데 참기 어려울 만큼 맛없는 맥주도 몇 번이나 맛보았다. 어떤 맥주는 입에 머금은 순간 신맛이 너무 강해서, '이거 뭐야. 와인맥주잖아'라고 생각한 적도 있었으며, 맥주에 있어서는 안 될 다이아세틸이라는 성분의 이상한 냄새와 황화수소 냄새가 강하게 나는 것도 있었다. 이러한 성분이 맥주에 혼합되면 맥주에서 아주 불쾌한 냄새가 나게 되는데, 맥주를 발효하는 과정에서 잡균이 섞이거나 효모가 이상 발효하는 데 그 원인이 있다. 또한 탄 냄새가 나는 것, 호프가 좋지 않은 것, 거품이 바로 사라져 맥주 본연의 모습을 갖추지 못한 것도 있었다. 지역맥주는 이제 막 세상 사람들에게 알려져 제대로 된 좋은 제품을 만들면 장래성 있는 시장을 확보할 수 있을 것이다.

목포 홍어회

한국의 전라남도에 목포시라는 아름다운 이름의 항구도시가 있다. 이곳의 명물은 가오리를 발효시킨 '홍어회'다. '홍어'란 가오리의 일종이고, '회'는 날고기라는 뜻이어서 홍어회는 '가오리 날고기'라는 뜻이다. 그런데 놀랄 만큼 지독한 암모니아 냄새를 발산하는 음식이기에 그것을 맛있다고 할 일본인은 아마 아무도 없을 것 같다.

만드는 방법은 커다란 홍어를 껍질째 두꺼운 한지에 싸고 그것을 커다란 항아리 속에 넣어둔다. 항아리가 가득 차면 그 위에 돌을 얹어놓고 뚜껑을 덮은 뒤 시원하고 어두운 곳에 보관하여 발효와 숙성을 시킨다. 그 사이에 암모니아 냄새가 발생하는데 10일 정도 기다리면 완성이 된다. 이 발효는 홍어 자체가 가진 자기소화효소의 작용으로 스스로의 몸을 분해하여 암모니아를 발생시키는 것이다. 또한 혐기성 세균(공기를 싫어하는 박테리아)이 홍어의 표면에 있는 요소(尿素)와 트리메틸아민옥시드라는 성분을 분해하여 암모니아를 발생시키는 것이다.

먹는 법은 5센티미터 정도의 두께로 연골째 썰어 고추장과 간장, 마늘, 파 등으로 만든 양념장에 찍어 상추에 싸 먹거나 삶은 삼겹살과 함께 상추에 싸 먹는다.

나는 이 격렬하고 과격할 정도의 음식을 먹기 위해 지금까지 세 번이나 목포에 갔는데, 솔직히 말해 맛있게 느껴지지 않았다. 오히려 기겁할 만한 것이었다. 내가 찾아간 곳은 목포 시내에 있는 '금메달 식당'이라는 곳인데 여기가 목포에서 가장 유명한 홍어회 음식점이다. 지금부터 이 가게에서 홍어회를 처음 먹었을 때의 이야기를 해보겠는데 이 홍어회가 얼마나 굉장한 음식인지 깜짝 놀랄 것이다.

그 홍어회를 비밀의 양념고추장에 찍어 상추에 싸서 먹었다. 입에 넣고 씹는 순간 격렬한 암모니아 냄새가 코를 쿡!! 하고 찌르더니 뒤이어 머리에도 쿵!!하고 충격이 왔다. 암모니아의 강렬한 자극이 전해진다고는 듣긴 했으나 이 정도일 줄은 생각지도 못했다. 하지만 홍어를 먹기 위해 목포까지 일부러 찾아왔으니 여기서 물러나서는 안 된다고 마음을 다잡고 다시 도전! 계속해서 씹었다. 그러자 이번에는 눈물 콧물이 줄줄 흘러내렸다. 눈물을 흘리면서도 이에 굴하지 않고 나는 항상 주머니 속에 넣고 다니던 만능 페이퍼(pH) 리트머스시험지 한 조각을 꺼내 그것을 콧구멍 앞에 놓고 콧김을 흥! 하고 내뿜어보았다. 그 결과를 보고 놀라 자빠질 뻔했다! 나도 펄쩍 뛰고 개구리도 펄쩍 뛸 정도였다.

놀랍게도 그 만능 페이퍼 시험지가 순식간에 짙은 파란색으로 변해버렸던 것. 암모니아는 알칼리성을 띠기 때문에 시험지를 청색으로 바꾸는데 그때의 파란색은 짙은 파란색을 넘어 검은색에 가까운 짙은 자주색으로 변해 있었다. 그렇게 강렬한 암모니아가 콧구멍으로 나올 줄은 꿈에도 생각지 못했다. 아무리 해도 눈물은 더욱 흘러내리기만 할 뿐 그칠 생각을 하지 않았다. 어렸을 때 학교 변소가 재래식이었는데 여름이면 여기저기 통에 쌓인 배설물에서 강렬한 암모니아 냄새가 피어올라 소변을 보러 가면 암모니아 때문에 눈에서 눈물이 줄줄 흐르곤 했었다. 그 그리운 정경이 떠오를 정도였다.

한편 그 맛은, 씹고 있자면 암모니아 때문인지 찌릿 하고 약간 매우며 입 안에 퍼지는 홍어 특유의 깊은 맛과 알칼리성을 수반한 금속적인 맛이 특징이었다. 씹고 있으면 입 안이 약간 화끈해지는데 그것은 암모니아(NH_3)가 침의 수분에 반응하여 수산화암모늄(NH_4OH)으로 변화할 때의 용해열 때문인지도 모르겠다.

어쨌든 그 다음부터는 암모니아의 강렬한 자극 때문에 홍어의 맛 자체도 느낄 수가 없어서 홍어회란 대체 어떤 맛을 가진 음식인지 전혀 짐작조차 할 수가 없었다. 오랜 식력(食力)을 갖고 있고 산전수전 다 겪은 나조차도 이런 최루성을 가진 음식은 처음이었다. 솔직히 말하면 맛있다는 감각과는 한없이 멀고, 오히려 맛없다는 감각에 한없이 가까운 맛이었다.

그 홍어 요리는 가격도 매우 비싸서 1킬로그램에 일본 엔으로 2만~3만 엔이나 한다. 재미있는 것은 전라남도 목포시 주변에서는 관혼상제 때 이 홍어회가 없어서는 안 되며, 홍어회를 내는 양에 따라서 그 잔치의 격식과 품위가 결정되기 때문에 주최자 측은 돈을 아끼지 않고 이 홍어 요리를 대접한다고 한다. 한국에는 이 요리에 대해 해설한 책도 있는데 그 내용 중에 '입에 넣고 씹는 순간 암모니아 냄새가 코 안을 뚫고 지나가 순식간에 정수리에 다다른다. 이때 심호흡을 하면 100명 중 98명은 기절 직전에 이르고 2명은 사망 직전에 이른다'고 되어 있다.

틀림없이 나도 그 강렬한 암모니아 냄새에 당해 기절 직전까지 갔었다.

꿈에 나타날 피의 맛

양고기는 종류나 성별, 연령 등에 따라 그 냄새가 다른데 가장 냄새가 심한 것은 거세하지 않은 수놈 중에도 늙은 양이라고 한다. 반대로 냄새가 적고 맛있는 것은 서퍽(Suffolk)종과 같은 식용 양으로 그 중에서도 램처럼 어린 양의 고기가 가장 맛있다.

일본에서는 양고기를 먹을 때 대부분 칭기즈칸이라는 냄비 요리로 먹지만, 정작 양의 나라인 몽골에는 이 같은 요리는 없다. 대개는 뼈째로 뭉텅뭉텅 잘라서 소금 간조차 하지 않고 삶아서 그대로 먹는다. 각자 조그만 몽골 손칼을 들고 고기를 잘라가며 먹는데 귀한 손님이 왔을 때는 양머리도 내놓는다. 몽골인들은 특히 손님을 귀하게 여겨 성대한 잔치를 열어주는데 그때 주로 준비하는 음식이 양고기이다. 삶은 한 마리분의 넓적다리 살을 네 군데 바닥에 놓고, 그 위에 커다란 등 부위 고기를 올리고, 다시 그 위에 양머리를 날것으로 장식을 한다. 양의 머리 위에는 치즈 한 덩어리가 놓이는데 주인이 치즈를 작게 잘라서 사방으로 던지는 의식이 끝나면 머리는 밖으로 내가고 마침내 잔치가 시작된다.

어쨌든 몽골인만큼 양을 잘 손질하는 민족도 없다. 손질 방법에서부터 요리까지 불필요한 과정이 하나도 없이 완벽하고 훌륭하다. 몽골인에게 잡아먹힌 양은 틀림없이 성불했을 것이다.

우선 손질하는 방법이 굉장하다. 널따란 초원에서 양을 거꾸로 쓰러뜨린 순간 남자는 그 양 위에 올라타고 앉아 날렵한 몽고도(蒙古刀)로 왼쪽 하복부를 빠르게 10센티쯤 가른다. 그리고 눈에 보이지 않을 만큼 빠른 동작으로 그 가른 곳으로 손을 쑥 집어넣어 횡격막을 뚫고 심장까지 뻗어 심장에 직접 연결되어 있는 대동맥을 잡아 뜯는다. 그 직후 가른 배를 통해서 양의 피가 콸콸 쏟아져 나오는데 그것을 한 방울도 흘리지 않고 그릇에 담는다. 그런 다음 빠른 손놀림으로 가죽을 벗겨내고 해체를 시작하는데 내가 현장을 보았을 때 한 마리를 손질하는 데 걸린 시간은 고작 15분 정도였다. 고기는 물론 내장에서부터 폐장, 성기, 머리와 뇌까지 전부 요리에 사용된다.

한편 그릇에 담은 피도 요리에 사용된다. 손님을 접대하는 특별 요리로 야채와 함께 볶기도 하고, 귀중한 쌀(와일드 라이스)을 불려 함께 볶기도 하는데, 일반적으로는 소장에 피를 담아서 '순대'를 만들어 그것을 삶아 먹는다. 내가 처음으로 몽골의 초원에 갔을 때, 느닷없이 '그것'을 대접받았다. 굵직한 오이 정도의 굵기에 길이 1미터에 이르는 순대를 10센티 정도 길이로 자른 것이 접시에 산더미처럼 쌓여 나왔다. 자른 면을 보니 진한 초콜릿색이었고 끈적끈적한 반고체 상태였다.

그것을 작은 몽골 손칼로 잘라 입에 넣자 강렬한 피비린내가 코로 느껴져, 순간 간이 떨어지는 줄 알았다. 녹슨 철에서 나는 듯한 냄새에다 거기에 양 특유의 누린내가 더해져 있어 비위가 약한 사람이었다면 틀림없이 구역질을 했을 것이다. 어쨌든 그 냄새만으로 욱! 하는 느낌이 들었다. 입 안은 그 좋지 않은 냄새를 동반한 핏덩어리로 끈적끈적해서 세상에 이렇게 맛없는 음식이 또 있을까 싶을 정도의 식감이었다. 약간 짭짤하고 끈적한 느낌을 가진, 기분 나쁘고 둔중한 맛. 식감도 없이 씹을 때마다 피비린내와 양의 야생적인 누린내가 코에서 새어 나왔다.

머릿속은 허탈감에 사로잡혔지만 그저 우물우물 그 기분

나쁜 맛을 씹을 수밖에 없었다. 그리고 입 안에서 끈적끈적해진 그것을 삼키는 데는 대단한 용기가 필요했는데, 주저주저 망설이면서도 역겨움을 참고 억지로 삼킬 수밖에 없었다. 뱉어내면 웃음거리가 되고, 삼키면 계속해서 먹을 수밖에 없을 터였다. 정말 눈물이 날 정도로 고통스러운 음식이었다.

하지만 두랄루민 같은 위장을 가진 나, 뱉어낸다면 남자가 아니라는 생각에 눈을 질끈 감고 맛있다는 듯 꿀꺽 삼켰다. 그러자 위장 쪽으로부터 욱! 하며, 삼키려는 힘과 반대되는 생리작용이 치밀어올랐다. 핏덩어리는 아래로 내려가려는 힘과 위쪽으로 되돌리려는 힘으로 평형상태가 되어 식도 중간 부분에 멈춰 서고 말았다. 그랬기에 이번에는 침을 삼키듯 몇 번이고 꿀꺽, 꿀꺽해서 처치곤란이었던 그 핏덩어리를 간신히 위장까지 도달시켰다.

'아아, 다행이다. 그럭저럭 체면은 유지했다'라고 생각한 순간, 내 옆에 있던 몽골 사람이 "자, 더 드세요. 많이 드세요. 사양할 필요 없어요"라며 권했다. 그 권하는 말이 이상할 정도로 강했기에 "맛있나요?"라는 물음에 얼떨결에 "맛있어요"라고 대답해버리고 말았다. 그것을 진심으로 받아들인 그가 이번에는 권한다기보다 반 강제적인 명령조로 압박해 들어왔다. 나는 다시 손칼로 그 피의 순대를 잘라 입 안에 넣고 우물우물 씹기 시작했다. 얼굴로는 웃고 있지만 속으로는 눈물을 흘리며.

이렇게 해서 내게 주어진 피의 순대는 녹슨 철 냄새와 코를 찌르는 누린내와 함께 어느 정도의 양이 위장으로 들어가게 됐다. 정말 고통스러웠다. 정말 맛없었다. 식은땀이 줄줄 흘렀다. 그 피의 순대 다음에 뼈를 바르지 않은 채 삶은 고기가 산더미처럼 나왔는데 그것은 맛있었기에 덥석덥석 먹었다.

피의 순대를 한 접시 먹고 난 다음 날 아침, 아침의 의무를 수행하기 위해 대초원 한가운데로 나가서 볼일을 보다가 깜짝 놀라 그 자리에 주저앉을 뻔했다. 항문에서 나온 대변의 색이 먹물로 물들여놓은 것처럼 새카맸다. 예전에 함석지붕에 발랐던 콜타르와 같은 색이었다. 오키나와의 이시가키지마라는 섬에서 '맛있어!'를 연발하며 오징어먹물을 몇 그릇이나 먹은 다음 날의 대변도 새카맸지만, 피 순대의 검은 빛이 훨씬 더 끔찍하고 무시무시했다. 대변 색깔이 새까만 것은 위궤양이나 십이지장궤양에 걸린 사람의 장출혈을 동반한 대변이 새까만 혈변인 것과 마찬가지 이유로, 위 속에 혈액이 들어가면 위 안에 있는 강한 염산(수산이온지수가 자그마치 pH2 이상이나 되는 강산성이다)에 의해 타는 것처럼 돼서 혈액의 적색 색소가 혈액 속의 철을 매개로 검게 변하기 때문이라고 한다. 어쨌든 양피의 순대는 먹는 순간 입과 코로 끔찍할 만큼 맛없다는 사실을 알게 되었으며, 다음 날에는 눈으로 섬뜩할 정도의 무시무시함을 보게 된 강렬한 음식이었다.

피비린내가 나고 맛도 없어서 삼키는 데 저항감이 느껴졌던 것은 그 외에도 여럿 있었다. 중국 남부의 윈난 성, 쓰촨 성, 광시좡족 자치구, 구이저우 성 부근에 가면 돼지 피 요리로 유명한 '대장혈두부(大腸血豆腐)'라는 것을 먹는다. 솔직히 말하면 그것을 먹었을 때도 아주 맛없는 음식이라고 생각했다. 이 요리는 돼지를 잡을 때 나오는 피를 받아 거기에 마늘과 고추, 그 외의 몇몇 향신료를 넣고 두부를 만들 때 그 피를 넣어 굳힌 것이다. 다시 말해서 피두부인 셈이다. 그것을 '바이차이'의 잎에 싸서 찜통에 찐 것이다. 일본의 주먹밥보다 약간 큰데 그것을 하나 얻어 먹어보았다. 입 안에서 씹어보니 아삭아삭한 잎 속에서 부드러운 두부의 감촉이 느껴져 이거 꽤 괜찮다고 느낀 직후, 피에서 나온 그 철이 녹슨 듯한 냄새가 코를 찔러 순간 당황스러웠다. 계속해서 우물우물 씹고 있자니 두부에서 나온 피의 맛, 즉 약간 짭짤하고 둔탁하게 묵직한 맛이 입 안에 넘쳐났다. 그 찝찝하고 기분 나쁜 맛은 피 속의 단백질이 침의 효소에 의해 일부분이 분해되어 아미노산이 되고 그것이 피에 풍부하게 포함되어 있는 금속이온과 반응하여 아린 맛이 된 것이리라. 씹으면 씹을수록 피비린내가 코를 엄습해와서, 내 대뇌의 미각을 담당하는 부분이 파괴되어버리는 것이 아닌가, 생각했을 정도였다. 어쨌든 이 음식도 내게는 아주 맛없는 피 요리였다.

그런 점에서 오키나와의 피 요리는 맛없다는 느낌을 주지 않으니 참 대단하다. 염소 요리로 유명한 염소탕에도 염소의 피를 넣지만 염소가 가진 야성의 냄새가 피비린내를 지워버려 그렇게 거슬리지 않았다. 고기와 야채에 염소의 피를 더해 볶은 '치이리치'라는 요리도 피비린내는 그다지 거슬리지 않았다. 이 '치이리치'라는 요리는 오히려 돼지의 피를 넣는 편이 맛에 깊이가 있어서 더 맛있다.

어느 민족에게나 좋아하는 냄새가 있어서, 몽골이나 중국처럼 오래 전부터 많은 고기를 대량으로 먹어온 사람들에게는 피비린내에 적응하는 유전자가 면면히 전해지는 것이리라.

2장

여행자를 위한 식사

관광지의 밥상

여행이란 멋진 경치를 즐기고 유명한 장소나 유적지 방문에 그 즐거움이 있겠지만 그 외에도 누가 뭐래도 그 지역의 대표 요리를 맛보는 것에 큰 즐거움이 있다. 산에 있는 관광지라면 봄에는 산나물 요리를 즐길 수 있고, 가을에는 버섯 요리를 맛볼 수 있으며, 바닷가라면 언제나 신선한 생선과 조개류가 입을 즐겁게 해준다. 특히 그 지방에서 나는 식재료는 더할 나위 없이 신선한 것이니, 어떤 지역에 가면 그곳에서 발전시켜온 고유의 요리를 맛보아야 한다. 모름지기 여행자란 이런 마음을 갖고 있어야 하는 법.

그런데 그 지역만의 특별한 음식을 맛보고 싶어 하는 여행자의 부푼 기대는 종종 실망으로 바뀐다. 요즘의 여관이나 호텔, 민박에서는 어느 곳에서나 볼 수 있는 흔해빠진 음식을 제공하는 통에 여행자의 흥을 깨버린다.

얼마 전 강연을 위해 갔다가 이즈(伊豆) 반도의 한 유명 해안 온천지 호텔에서 하룻밤을 묵은 적이 있었다. 친목 모임 식사 때 상 위에 나온 음식을 보고 말문이 막혀버렸다. 그리 신선하지도 않고 검붉게 변해버린 참치회, 방어 새끼인 듯한 희끄무레한 회가 작은 접시에 담겨 있었다. 이즈 반도에서는 잡힐 리 없는 반쯤 얼어붙은 연어 회도 그 접시에 함께 담겨 있었기에 웃음을 참을 수가 없었다. 사실 요즘에는 이처럼 어울리지 않는 생선회가 많다.

그런데 그것 이상으로 놀란 것은 얄팍한 돈가스였다. 접시에 채 썬 양배추가 깔려 있고 그 위에 두께 1센티 정도로 썰어놓은 돈가스가 놓여 있었다. 잘린 면을 보니 두꺼운 튀김옷 속으로 돼지고기 같은 것이 얼핏 보였다. '여기서 왜 돈가스를 먹어야 하는 거지?'라는 생각이 드는 순간 주방장이나 호텔 사장의 머릿속이 궁금해졌다. 튀김도 있었는데 이 역시 참으로 웃기는 것이었다. 게 다리 튀김인가 싶어 순간 감탄했으나 내용물은 게맛살이어서 맥빠지게 하더니, 근처 마트에서 사온 것인 듯 시들대로 시들어 축 늘어진 팽이버섯 튀김도 있었다. 튀김옷은 바삭하게 튀기는 것이 핵심인데 오랫 동안 기름에 푹 담가두었던 것처럼 눅눅했다.

상 왼쪽에 조그만 냄비가 놓여 있어서, 여기는 이즈니까 틀림없이 금눈돔이 들어간 모둠냄비일 것이야, 라고 생각하고 가슴 설레며 뚜껑을 열어보니 그것 역시 걸작이었다. 썰어놓은 돼지고기와 얇게 토막 낸 연어, 팽이버섯, 파, 두부, 은행알이 국물 안에 잠겨 있었다. 더욱 커다란 실망과 절망을 느끼면서도 상 오른쪽 알루미늄 호일에 싸인 채 큰 접시에 놓여 있는 요리에 마지막 희망을 걸어보기로 했다. 이건 틀림없이 참새우를 소금에 간해서 삶은 것이리라. 다시 희망적인 추측을 해보며 호일을 들어 올린 순간 희망은 절망으로 바뀌었다. 알루미늄 호일을 벗겨볼 필요도 없이 손에 전해온 딱딱한 감각만으로 닭다리라는 사실을 알 수 있었다. 어, 어째서 나는 이즈의 바다를 바라보며 닭다리 구이를 뜯어야 하는 걸까. 거듭거듭 슬픔이 밀려왔다.

가만히 생각해보니 결국은 굳이 이즈까지 가서 먹지 않아도 될 것들뿐으로 거기에서는 여행의 정취도 즐거움도 전혀 느낄 수가 없었다.

그런데 닭다리 구이 때문에 다른 여행에서도 어처구니없는 일을 당한 적이 있었다. 겉보기에, 특히 껍질 부분이 연한 갈색으로 잘 구워져 아주 맛있어 보여 예의 같은 것 생각할 겨

릎도 없이 호쾌하게 먹고 싶어서 닭다리를 두 손으로 들고 덥석 베어 물었다. 순간 이에 닿은 고기의 감촉이 생각보다 말랑했다. 으흥? 고기 안으로 이빨이 부드럽게 푹 파고들었다. 손으로 고기를 휙 당겨 살을 뜯어 질겅질겅 씹으며 '뭐 특별한 맛은 아니지만 부드러워서 좋군' 하고 두 입째 베어 물기 위해 닭다리를 눈앞으로 가져온 순간 '아아아앗!'하고 눈을 크게 뜨고 말았다. 베어 문 고기에서 피가 뚝뚝 떨어지고 있었다. 깜짝 놀라지 않을 수 없었다. 이러니 씹는 순간 부드러웠던 것은 당연한 일. 그 고기는 설구워졌던 것이다.

다시 확인하기 위해서 입 안의 고기를 오물오물 씹어보니 약간 가벼운 짠맛 가운데 철이 녹슨 듯한 냄새가 났는데 그것은 말할 필요도 없이 피에서 나는 냄새였다. 그러자 그 닭다리에 대한 거부감이 한꺼번에 밀려와 화가 났다. 물론 다시 구워달라고 해서 남김없이 먹어 치우기는 했지만 뒷맛이 영 개운치 않았다.

여관에서도 그렇고 민박을 할 때도 그렇고, 아침이면 채썬 양배추 위에 얇은 햄이 놓여 있는 경우가 많다. 밥에 된장국, 낫토, 배를 갈라 구운 전갱이, 김, 생달걀, 절임류 등과 같은 일본 전통의 아침 밥상에 햄이 함께 오른다는 사실에 약간 거부감이 느껴지기도 하고, 또 그런 햄 가운데는 맛없는 것들이 대부분이다. 어딘가 햄 같지 않다는 수상쩍은 느낌을 주는데,

입에 넣어 씹어보면 가루를 씹는 듯한 느낌이 들고 갈가리 찢어지는 듯한 쓸쓸한 감촉이 전해질 뿐이다. 가능하면 햄 대신에 작은 것이라도 상관없으니 양념을 얹은 생두부나 데운 두부를 내주었으면 좋겠다.

일본식 아침 식단에 왜 햄을 내는 것인지 모르겠으나, 추측컨대 햄은 요리하지 않고 접시에 담아내기만 하면 그만이니 그 편리함 때문일지도 모르겠다. 또한 요즘의 햄에는 거의 대부분 합성착색료가 들어가 분홍색이 선명해서 보기 좋기 때문에 배색을 위해 사용하는 것이리라. 물론 어린 학생들의 단체 여행에는 햄을 좋아하는 사람도 많을 테니 그것도 좋을지 모르겠지만, 나이 먹은 사람의 아침 식사에는 필요 없지 않을까 싶다. 장년 손님들의 아침 식사에 햄과 마요네즈가 나오고 그것이 일본식 메뉴 가운데 섞여 있다면 썩 좋아보이지는 않는다. 아침 식사뿐만 아니라 손님들의 취향에 맞춰 손님들이 기뻐할 만한 요리로 해주었으면 하는 바람이다.

그런 의미에서 지금까지 상당한 거부감이라고 해야 할지, 차라리 상에 올리지 않는 편이 낫지 않을까 싶은 것들도 많이 보아왔다. 한번은 산에 둘러싸인 조용한 온천지의 저녁 식사에 전갱이 튀김이 나온 적이 있었는데 가만히 살펴보니 사실은 말린 전갱이를 사용한 어처구니없는 것이었고, 어디에서였던가 햄튀김이 저녁 밥상에 나온 적도 있었는데 튀김옷 속에

얄팍한 햄이 들어 있었고 정성스럽게도 그 위에 토마토케첩이 듬뿍 뿌려져 있어서 놀라지 않을 수 없었다. 그 옆에 검붉은 참치회가 놓여 있었기에 한층 더 큰 거부감이 느껴졌다. 해안가 여관의 저녁 식사로 돈가스가 나오고 그 옆에 볼락의 조림이 있었는데 조림 쪽으로만 손이 가는 것을 보니 돈가스는 결국 불필요했다고 해야 할지, 오히려 방해가 될 뿐 전체적으로는 식욕만 떨어뜨려 용서할 수 없는 식사가 되어버리고 말았다. 돈가스를 내느니 차라리 배를 갈라 구운 작은 전갱이 같은 음식을 내는 편이 훨씬 더 좋았을 것이다.

더욱 한심하다고 느껴진 경우는 역시 바닷가 근처 호텔에서의 저녁 식사였는데, 생선회와 맑은 생선국 같은 반가운 음식 옆에 역시나 서양식 쟁반 위에 채 썬 양배추가 흩어져 있고 그 위에 스파게티 미트소스, 그리고 기름에 달달 볶은 비엔나소시지 2개가 놓여 있던 데에는 입을 다물 수가 없었다. 그런 음식은 전혀 필요 없는 것으로, 여기서도 그 스파게티나 비엔나소시지 대신 하다못해 양념을 해서 구운 소라라도 내주었으면 싶었다. 먹을려면 먹고 싫으면 말라는 식이었다.

요즘에는 여행지에서의 식사 모임 같은 저녁 식탁에 미니 냄비요리가 오르는 것을 자주 볼 수 있다. 상 한쪽에 뚜껑이 닫힌 작은 질냄비가 놓여 있고 그 안에 여러 가지 식재료가 들어 있다. 냄비 아래에는 파란 불꽃을 내며 타고 있는 고체연료가 있고 그것을 이용해 냄비를 데워가며 먹는 음식이다. 대부분 모둠냄비 형식으로 맛국물 속에 돼지고기, 팽이버섯, 배추, 참새우, 대구 토막 등을 넣고 끓여 소스에 찍어 먹는다. 솔직히 보기에 그럴듯하지만 이런 냄비요리 가운데서도 진짜 맛없는 것을 여러 차례 맛본 적이 있다.

산속 온천지의 큰 여관에서의 일이었다. 상 위의 미니 냄비요리는 예상대로 모둠냄비였는데 거기에 불을 붙인 뒤 뚜껑의 조그만 구멍으로 김이 올라오기에 다 됐다 싶어 뚜껑을 열고 먹기 시작했다. 제일 좋아하는 대구 토막을 제일 먼저 입에 넣어보았다. 그런데 너무 짜고 이상하게 딱딱했으며 아무 맛도 느껴지지 않았다. 그래도 계속 씹고 있자니 이번에는 풀어지기 시작한 대구의 자잘한 살점들이 섬유질처럼 이빨 사이에 낀 채 빠져나오질 않았다. 결국은 나무젓가락에 딸려 나온 이쑤시개로 이빨 사이를 쑤셔 찌꺼기를 빼내고 나서야 해방될 수 있었다.

이와 같은 대구 토막은 틀림없이 냉동 제품으로, 잡아 올린 대구를 토막 내서 소금을 잔뜩 뿌린 뒤 냉동한 것일 터였다. 그러니 짠 것은 당연한 일. 게다가 소금 때문에 탈수현상이 일어났을 뿐만 아니라 냉동 과정에서도 탈수현상이 일어나 살이 딱딱해지는 것이다.

다음으로 좋아하는 돼지고기로 젓가락을 가져갔다. 순간

거기서도 참으로 끔찍한 일이 벌어졌다. '손님에게 이런 무례한 짓을!' 하는 마음까지 일어나게 했다. 얇게 썬 돼지고기 한 조각을 젓가락으로 집어 들었는데, 기가 막히게도 세 조각이 한꺼번에 딸려온 것이다. 어떻게 이럴 수가, 생각하며 잘 살펴보니 돼지고기 세 조각이 찰싹 들러붙어 있었다. 접착제로 붙인 것처럼 단단히 붙어서 떨어지지 않았다. 해도 너무했다. 하는 수 없이 세 조각으로 붙어버린 고깃덩어리를 도로 냄비에 놓은 뒤 왼손에 든 젓가락으로 고기를 누르고, 오른손에 든 다른 젓가락으로 그 고기를 떼어내려 낑낑댔다. 하지만 좀처럼 떨어지지 않았다.

이처럼 고기와 고기가 들러붙어 좀처럼 떨어지지 않는 이유는 급격한 온도 변화로 단백질의 구조가 변해버려 서로 굳어 밀착되었기 때문이다. 예를 들어 달걀은 액체 상태이지만 삶거나 프라이를 하면 단백질의 열변성으로 딱딱해져서 고체 상태로 변하는 것과 같은 원리이다. 다시 말해서 이 돼지고기는 주방에서 음식 준비를 할 때 냉동고에서 꺼낸 뒤 고기와 고기를 제대로 떼어내지도 않고 언 채로 그대로 잘라 미니 냄비에 던져 넣었을 것이다. 그러면 차가운 냉동 상태에 있을 때 급격하게 가열하는 셈이 되어 고기와 고기 사이에서 단백질의 변성이 강하게 일어난다. 그로 인해 세 조각이 단단히 들러붙은 것이리라.

손가락까지 써가며 간신히 세 조각의 돼지고기를 떼어내 소스에 찍어 먹었더니 이번에는 고기의 표면에 떨떠름한 맛이 들러붙어 있고 고기는 퍼석퍼석한 상태여서 참으로 맛없는 모둠냄비의 가엾은 돼지고기가 되어 있었다.

이봐, 난 손님이라구! 바빴던 건지, 귀찮았던 건지는 모르겠지만 아무리 그래도 고기를 언 채로 냄비에 넣고 그걸 먹으라니, 해도 너무하지 않은가?

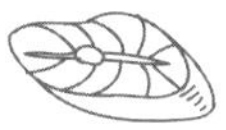

고양이조차 외면하는 연어

나 같은 '희대의 식신'쯤 되면 여행 중에 멋진 경치를 보면서도 오늘 저녁 메뉴를 궁리하는 등 마음은 대부분 먹을 것에 가 있곤 한다. 예를 들어 이런 일도 있었다. 어느 날 히말라야의 높은 봉우리를 멀리서 바라보고 있자니 갑자기 마블링이 들어간 소고기의 스키야기(전골)가 먹고 싶어졌다. 산중턱에 드문드문 남아 있는 잔설이 고기의 마블링으로 보인 것이다. 또 한 번은 미국 켄터키 주의 아름답기로 유명한 목장에 갔을 때의 일. 초원 위를 뛰놀고 있는 말들의 엉덩이를 보고 사쿠라나베(말고기 냄비요리)를 먹고 싶다는 충동이 일었다. 그리고 어느 가을,

후쿠시마 현 기타카타 시에서 야마가타 현 요네자와 시로 자동차를 달리던 도중 높은 곳에 차를 세우고 쉴 때였다. 무수하게 많은 밀잠자리들이 무리지어 날고 있는 모습을 보자 갑자기 오징어젓갈을 안주 삼아 한잔 하고 싶다는 생각이 든 적도 있었다.

사정이 이러니 여행에서의 삼시 세끼 식사는 즐거움과 설렘 그 자체이다.

그런데 국내 호텔에서 묵으면, 언제부턴가 바이킹 방식인가 뭔가 하는 조식 뷔페가 주류를 이루게 되었다. 숙박객을 식당에 모아놓고 여러 가지 요리를 준비해놓으면, 손님은 각자 좋아하는 요리를 골라 먹는 방식이다. 대부분 일식 코너와 양식 코너로 나뉘어 있는데 일식 쪽에는 밥, 미소시루(된장국), 낫또, 조림류, 구운 생선, 달걀프라이, 냉두부, 명란젓, 시라스오로시(마른 멸치, 새끼 은어에 양념을 한 것), 절임류, 날달걀, 김 등이 놓여 있다. 양식 쪽에는 빵, 잼, 버터, 비엔나소시지, 햄, 베이컨, 달걀프라이, 샐러드, 에그 스크램블, 우유, 커피, 홍차 등이 촘촘하게 놓여 있다.

호텔 입장에서 보면 이 방법은 조식을 한꺼번에 해결할 수 있어서 좋고, 또 손님들도 먹고 싶은 것을 먹고 싶은 양만큼 먹을 수 있으니 기쁜 일이라 할 수 있다. 다시 말해서 양쪽 모두에게 좋은 일이니 어쩌면 타당한 방법일지도 모르겠다.

단, 호텔 측이 비용을 절약하려고 싼 재료로 적당히 음식을 마련하고 그 결과 음식 맛이 떨어지면 손님은 별로 먹고 싶지 않을 테니 재료도 절약될 것이다. 얼핏 보면 호텔 측이 이익을 얻은 것처럼 생각될지 모르겠으나 그런 맛없는 요리를 내놓는 호텔에는 손님의 발길이 줄어들 테고 결국은 호텔이 손해를 보게 되는 셈이다.

많은 호텔들이 조식뷔페에 공통적으로 내는 일식 중 하나가 구운 생선인데, 뷔페뿐만 아니라 손님 방으로 룸서비스하는 아침 식단에도 반드시 오르는 음식이다. 그런데 몇 년 전부터 이 구운 생선이 소금에 절인 맛없는 자반처럼 형편없어졌다고 느낀 것은 나뿐만이 아니었을 것이다.

호텔이나 여관에서 조식에 반찬으로 나오는 생선은 대부분이 연어인데 너무나도 맛이 없어서 나는 늘 화를 낸다. 무릇 생선 구이로서의 모양새를 갖추고 있지 못한 것이 너무나도 많으며, 특히 뷔페식에서는 맛없음의 한계를 훨씬 뛰어넘는다.

얼마 전에도 그랬다. 안쪽 살에서부터 껍질 부분에 걸쳐 기름기가 자르르 흐르는 연어가 산더미처럼 쌓여 있기에 감탄해서 접시에 두 조각을 담아 내 자리로 돌아와 먹었는데, 이건 너무 맛이 없었다. 좋은 식재료인 그 연어를 엉망으로 만들어버린 것은 조리법 때문이었다. 가만히 살펴보니 구운 흔적이나 탄 부분이 전혀 없었다. 다시 말해서 구운 것이 아니라 찐 연어인데 젓가락으로 뜯어 입에 넣으면 버석버석해서 아무런 맛도 느껴지지 않는다.

소금에 절인 연어는 구울 때 수분이 적당히 날아가 살이 탄탄해져서 맛이 더욱 좋아지고, 표면에 구운 자국이 남아서 고소함이 더해지기 때문에 풍미가 한층 좋아진다. 이것을 반찬 삼아 갓 지은 밥과 함께 먹으면 연어 구이의 풍미가 밥의 향과 품위 있는 감칠맛으로 어우러져 한층 더 강한 식욕을 느끼게 되는 법이다. 그런데 연어를 굽지 않고 찌면 고소한 맛인 기름기가 빠지고 고기에는 수분이 들어가 버려 연어 특유의 맛이 엉망이 되어버리고 만다. 구운 꽁치와 찐 꽁치를 생각해봐도 그 차이는 확연히 드러난다. 그런데 요즘의 호텔이나 여관에서는 무슨 이유에서인지 쪄서 내는 것이 대부분인데 맛있게 먹기 위한 방법으로는 절대 잘못된 요리법이다. 무엇보다 소중한 손님을 상대로 솜씨를 발휘해야 하는 요리사로서는 프로정신의 결여를 그대로 드러내는 것이니 한없이 부끄러워해야 할 일이다.

그런데도 왜 찌는가 하면, 이것도 호텔이나 여관의 본말전도라고 해야 할지, 이기주의라고 해야 할지, 일방적인 이유에서인 듯하다. 왜냐하면 몇 백 명이나 되는 손님에게 낼 연어 자반을 일일이 구우면 손이 너무 많이 가기 때문이다. 수백 토막을 한꺼번에 조리하는 데는 커다란 찜기로 찌는 것이 훨씬 더 효율적이다. 또한 구우면 연기가 나고 기름도 튀어 뒷정리가 힘들다는 이유도 있을 것이다.

아무리 그래도 손님은 왕이다. 왕을 소중히 여기지 않는다면 상도는 성립되지 않는다. '편안함 끝에 낙이 온다'는 격언은 어디에도 없으며, 역시 '고생 끝에 낙이 온다'는 말이 맞는 법.

은색 껍질이 옅은 갈색 정도로 잘 구워진 연어 껍질을 젓가락으로 뜯어 입에 넣으면 바삭바삭하는 소리가 들리고, 뒤이어 포동포동한 껍질 밑의 기름기가 입 안에 퍼져 연어 자반 특유의 달콤하면서도 짭짜름하고 고소한 맛이 입 안에서 느껴진다. 역시 연어 자반을 제대로 맛보려면 구워야 한다.

요즘에는 호텔 조식뷔페나 여관의 아침 밥상뿐만 아니라 역이나 거리에서 파는 도시락에서조차 굽기를 포기하고 찐 연어를 담는 것이 대부분이다. 무던한 성격이지만 먹는 것에 대해 성의없는 태도에는 나도 화가 치민다.

이번에는 연어 자반을 굽느냐 찌느냐 하는 조리법 이전의 문제인데, 연어 자체가 아주 맛이 없어서 도저히 참을 수 없을 정도인 경우도 있다. 얼마 전, 학생들을 데리고 연수여행을 하던 중의 일. 점심 식사는 이동 중인 버스 안에서 먹기로 되어 있어 총무 학생이 주문해가지고 온 마쿠노우치 도시락•을 전원에게 나누어주고 그것을 먹기 시작했다. 나도 하나를 받아

마쿠노우치(幕の内) 깨를 뿌린 밥과 몇 가지 반찬으로 이루어진 도시락

뚜껑을 열어보니 밥 외에 반찬으로 연어, 닭튀김, 어묵튀김, 햄버그스테이크, 햄튀김이 들어 있었다. 젊은이들의 입맛에 맞는 도시락이었다.

약간 실망하기는 했어도 내가 좋아하는 것이 하나 있었다. 바로 연어였다. 됐어, 나는 이것만으로 밥을 먹겠어, 라고 결정한 뒤 그 연어를 가만히 살펴보니 이것 역시 찐 것이었다. 뒤집어서 요리조리 살펴봐도 구운 자국은 어디에도 없었다. 어쩔 수 없지, 생각하면서도 어딘가 공허한 마음으로 그 찐 연어를 집어 입 안으로 가져갔다. 두어 번 씹다가 더욱 깊은 공허함만 맛보게 되었다. 그 연어에는 아무런 맛도 없었다. 푸석푸석할 뿐만 아니라 아무리 씹어도 아무 맛이 느껴지지 않았다.

그제야 깨달았다. 그 연어는 '고양이조차 거들떠보지 않는 연어'였던 것이다. 고양이조차 먹지 않고 그냥 지나친다는 그 맛없는 연어였던 것. 산란이나 정자 뿌리기를 마쳐 정력을 전부 써버린, 무늬만 연어라고 할 수 있는 녀석. 시장에서는 아예 상대조차 하지 않아서 싸구려 취급을 받는 연어다. 그것을 잡아왔다기보다는 '주워 와서' 손질을 한 뒤, 거기에 화학조미료와 소금 등으로 일단 조미를 해서 찐 것이리라. 그런 꼼수에 넘어갈 이 미각인 비행물체가 아니니다. 참으로 형편없는 연어였다.

이보시오, 도시락 만드는 양반들. 당신도 도시락 만들기의 프로라면 프로다운 일을 하쇼. 아아, 정말 맛없는 도시락이었다.

기차역에서 사먹는 도시락

"명물 중에 맛있는 것은 없다"는 비아냥거림이 있는데 이 말이 틀렸다고만 할 수도 없다. 과자 중에도, 쓰쿠다니• 중에도, 장아찌 중에도 이름만 널리 알려졌을 뿐, 막상 사서 먹어보면 "뭐야, 이런 거였어"라고 실망하게 되는 경우가 얼마든지 있다.

쓰쿠다니
해산물의 조림

역에서 파는 도시락이나 거리에서 파는 도시락 중에도 유명한 곳인데도 막상 먹어보면 실망하게 되거나 심지어는 화가 날 정도로 형편없는 것도 있으니 방심할 수가 없다.

반면 유명한 것처럼 틀림없이 맛있는 도시락도 있었다. 예를 들어 아오모리 현의 JR 하치노헤 역에서 팔던 '정어리 양

넘구이'를 먹어보았을 때는 기가 막혀버리는 것이 아닐까 진심으로 걱정이 되었을 정도였으며, 후쿠시마 현의 JR 고오리야마 역에서 팔던, 거르지 않은 간장으로 요리한 돼지고기인 '오카미즈케(女将漬) 도시락'을 먹은 순간에는 너무나도 감격해서 눈물이 났을 정도였다. 요코하마 역의 '찐 만두 도시락'도 맛이 좋았고, 도카이도신칸센 마이바라 역의 '가다랑어포 도시락'은 그 담백한 맛이 인상적이었다. 고치 역의 '다진 가다랑어 도시락'과 돗토리 현 요네자와 역의 '고등어 스시'는 호쾌한 맛이었다.

반면 맛없는 도시락도 전국 곳곳에 있는데, 화가 날 정도로 맛이 없어서 완전히 질려버린 적도 있었다. 맛없다고 느낀 도시락에는 공통점이 있다. 어디에나 있는 '마쿠노우치 도시락'인데, 지금까지 이 도시락을 수없이 사 먹어 보았으나 '맛있다!', '제대로다!'라고 소리 내어 외치고 싶을 정도의 것은 손에 꼽을 정도이다.

사실은 얼마 전에도 T역에서 도카이도신칸센을 타고 N역까지 가야 했는데 시간이 없어서 승강장에 있는 도시락 판매점에서 가장 가까이에 있는 도시락을 사들고 열차에 뛰어올랐다. 먹고 싶은 도시락을 고를 시간이 없었던 것이 아쉽기는 했으나 집어든 것은 '마쿠노우치'였다. 평소 이런 종류의 도시락에 몇 번이나 배신을 당해 왔기에 늘 의심을 품어왔다. 그랬기에 사고 난 직후에는 후회를 했으나 그래도 한 줄기 희망을 버리지 않았다.

우선 도시락에 묶여 있는 끈을 풀고 뚜껑을 열어 안을 보고는 역시나…, 하고 생각했다. 내용물은 일반적인 마쿠노우치 도시락과 크게 다를 바가 없었다. 검은깨를 살짝 뿌린 쌀밥이 3분의 2 정도이고, 나머지 3분의 1이 반찬이었다. 문제는 그 반찬인데 깔끔하게 놓인 것까지는 좋았으나 그 내용이 마음에 걸렸다. 우선 빨갛게 물든 비엔나소시지가 하나 들어 있었다. 속에 무엇이 들었는지는 모르겠으나 튀김도 하나 있었고, 한입에 쏙 들어갈 만한 크기의 햄버그스테이크도 하나 들어 있었다. 얇게 썬 하얀 절편은 어묵이리라. 그리고 얇은 생선 한 토막은 연어자반 구이였다. 빨갛게 물들인 작은 생강 조각을 올린 달걀말이도 있었다. 연근, 당근, 닭고기 조림도 얼핏 보였다. 장아찌로는 자줏빛으로 물들인 채소가 있었다.

『음식사전』에 의하면 '마쿠노우치'란, 헤이안 시대의 간편하게 가지고 다니며 먹을 수 있는 '돈지키•'에서 시작되었다고 한다. 에도 시대에는 연극이나 극장 관계자들이 많이 애용했고, 배우들이 먹는 것을 보고 관객이 따라하게 되면서 극장에서 여러 종류로 만들어 팔기 시작했다고 한다. 관객들이 이 도시락을 사서 막간에 먹었기에 '마쿠노우치'라는 이름이 붙은 것이다. 이 도시락의 원래 반찬은 달걀부침, 어묵, 표고버섯,

돈지키(屯食)
현미로 만든 주먹밥

닭조림, 생선구이, 밤 조림이었다. 그렇다면 내가 산 마쿠노우치 도시락의 반찬과 매우 비슷하다. 생선구이 대신 구운 자반을 놓으면 옛날 마쿠노우치 반찬의 대부분이 갖춰져 있는 셈이다. 문제는 쓸데없는 것들이 들어 있다는 것인데 비엔나소시지와 빵가루를 입혀 튀긴 튀김과 햄버그스테이크가 그것이다.

'쓸데없는 것이라니 무슨 소리냐. 조리한 사람이 기껏 생각해서 넣어주었는데 불평을 하다니, 실례가 아니냐!'며 화를 낼 사람이 있을지도 모르겠다. 그 쓸데없는 것이 맛이 있다면 나도 기쁠 것이다. 하지만 그 도시락에 들어 있던 그 세 가지는 정말 맛이 없었다. 식용 물감으로 물들인 것 같은 새빨간 비엔나소시지를 씹어봤더니 딱딱해서 먹을 수가 없었다. 튀김 안에는 흰살 생선의 살을 갈아 만든 것인 듯한, 혹은 다진 생선살에 마 등을 넣어 쪄서 굳힌 식품인 듯한, 정체가 수상한 것이 들어 있었는데 입에 넣어보니 튀김옷이 머금고 있는 기름 때문에 입 안이 질척해졌다.

그리고 정체를 알 수 없는 내용물 속에서는 강렬한 화학조미료의 불쾌한 맛이 점점 강하게 배어나왔다. 한입에 먹을 수 있는 조그만 햄버그스테이크에서도 기묘한 풍미가 느껴졌다. 코로 전해진 냄새는 땀에 전 듯한 고기 특유의 누린내로, 거세하지 않은 황소 고기에서 나는 그 냄새였다. 맛도 역시 화학조미료의 아릿하고 불쾌한 맛이 그대로 전해졌다. 솔직히 말해서 이런 쓸데없는 것은 넣을 필요가 없다고 생각했다.

지금까지 수많은 역의 도시락, 거리의 도시락, 편의점 도시락을 먹어보았지만 공통적으로 다음과 같은 반찬들 중에서 대체로 맛없는 것이 많았다.

도시락 한쪽 구석에 똬리를 튼 채 딱딱해져 있는 스파게티. 게의 다리 모양으로 만든 어묵에 옷을 입혀 튀긴 눅눅해진 튀김. 흐물흐물하게 삶은 시금치. 기름투성이 햄과 조개 모양 어묵 튀김. 고양이도 거들떠보지 않을 듯한 연어 자반. 꼬챙이에 끼워 끈적한 양념을 바른 고기완자. 씹으면 이빨에 들러붙는 찐만두. 팽이버섯과 나물을 물컹하게 삶아 양념장을 뿌린 것. 삼치나 고등어를 얇고 퍼석퍼석하게 소금에 구운 것. 으드득으드득 소리가 날 정도로 딱딱하게 튀긴 삼각형 모양의 만두. 토마토케첩을 뿌린 맛없는 햄버그스테이크 프라이. 이쑤시개만큼 가느다란 새우를 크게 보이기 위해서 튀김옷을 덕지덕지 입혀 튀긴 눈속임 새우튀김. 입에 넣으면 씹을 필요도 없이 흐물흐물 풀어져버리는 삶은 당근. 정체를 알 수 없는 재료에 식초를 넣어 무친 것. 혈압이 오를 정도로 짜게 볶은 고기. 흐물흐물해진 오징어와 명란젓의 마요네즈 무침. 누린내가 지독한 구운 고기 등등….

최근의 일이었는데 도쿄 역 근처의 유명 백화점 도시락 매장에서 산 '방어구이 도시락'(750엔)도 맛이 없었다. 매장에

'지금이 제철. 겨울방어 도시락'이라고 써붙여 놓았기에 나도 모르게 손을 내민 것이 불행의 시작이었다. 가장 중요한 방어 토막을 굽지 않고 삶은 것이었다. 그것을 젓가락으로 집어 입 안에 넣었더니 흐물흐물 입 안에서 풀어져버려 맛을 느낄 새도 없었다. 구운 자국 같은 건 어디에도 없었으며 그저 통통한 흰 살뿐이었다. '방어구이'라더니 이거 사기 아닌가요?

호텔의 티백차

'아침에 마시는 차 한 잔이 하루의 근심을 날려버린다'거나, '아침의 차는 70리를 돌아와서라도 마셔라'라는 격언이 있다. 아침의 차 한 잔은 마음을 차분하게 가라앉혀주고 심신을 깨워주며, 정신을 맑게 해주고, 위장의 작용을 활발하게 해주는 등 건강에도 좋기 때문에 그날 하루의 근심에서 벗어나게 해준다는 뜻이리라. 혹시 잊었다면 먼 길을 돌아와서라도 반드시 차를 마시라는 의미다.

차는 원래 중국에서 들어온 약용식물로 위를 튼튼하게 해주고 열을 내려주며 졸음을 쫓아주고 심신을 건강하게 해주는 효과를 가지고 있다. 특히 아침의 차 한 잔은 심신을 상쾌하게 해주기 때문에 나도 가능한 한 실천하려고 노력한다.

하지만 여행을 떠날 때는 늘 집에서 먹던 차를 마실 수가 없어서 고생을 한다. 특히 호텔에서 아침을 맞았을 때, 지금까지 단 한 번도 맛있는 차를 마셔본 기억이 없다. 호텔 객실에는 대부분 티백으로 된 차를 준비해 놓는다. 실에 매달린 티백을 찻잔에 넣고, 함께 준비된 전기주전자로 끓인 물이나 포트의 뜨거운 물을 부어 마신다.

그런데 그 다음이 문제다. 뜨거운 물을 부으면 1분도 지나지 않아 티백에서 우러나온 차의 색깔이 찻잔 바닥에 고이기 시작한다. 녹차의 색은 글자 그대로 연하고 아름다운 녹색이어야 하는데 대체로 찻잔 바닥에 고인 색은 검은 잿빛을 띤 녹색, 즉 암록색이 많다. 물에 잠겨 있는 티백의 끈을 집어 건져 올리면, 찻잔 속 차의 빛깔은 전체적으로 약간 녹색으로 돌아가지만 아무래도 탁하고 광택도 없다.

그런데 중요한 것은 그 티백의 녹차를 마셔보면 정말정말 맛이 없다!! 우선 종이 냄새가 코끝에 전해진다. 오래 묵은 듯한 종이 냄새인데 정작 중요한 차의 향기는 거기에 묻혀버려 전혀 나지 않는다. 그리고 입 안에 머금은 차의 맛은 '응? 이게 녹차야?'라는 생각이 들 정도로 밍밍하다. 약간 떫은맛이 나는 것은 차와 비스무리하나 품격 있는 떫은맛이 아니며, 약간 쓴 맛이 나는 것도 차와 비슷하지만 역시 천박한 맛이다. 단맛도 녹차 본연의 은은한 단맛인 테아닌의 맛은 어디론가 사라져버리고 흐려질 대로 흐려진 녹차의 맛이다. 그리고 그것을 삼키면 이번에는 이상하게도 입 안이 싸해지며 기묘한 맛과 냄새가 남는다. 짐작컨대 티백 안의 찻잎이 심하게 산화되어 있었던 것이리라. 찻잎이 오랫동안 공기에 노출되면 공기 중의 산소에 의해 산화되어 차의 좋은 맛이 놀랄 만큼 변질되어 버린다. 그래서 차를 포장할 때는 진공포장하거나, 산소 흡수제를 넣기도 하는 것이다.

호텔 객실에 준비되어 있는 것은 녹차뿐만이 아니다. 중국산 우롱차의 티백도 있다. 하지만 이것 역시 맛있는 것을 먹어본 적이 없다. 티백을 찻잔에 넣고 뜨거운 물을 붓는다. 그러면 녹차와는 달리 이번에는 우롱차 특유의 붉은 빛이 감도는 갈색의 좋은 빛깔이 우러나온다. 그 빛깔만 봐서는 이건 맛있을지도 모르겠다는 생각이 들지만 막상 마셔보면 역시나 맛이 없다. 이것도 녹차와 마찬가지로 우선 눅진한 종이 냄새가 코를 찌른다. 그리고 우롱차 티백에서 흔히 볼 수 있는 석탄산(페놀) 냄새도 난다. 마셔보면 떫은맛과 쓴맛이 일반적인 우롱차에 비해 격이 떨어진다는 느낌이 들고 뒤이어 맛이 덤덤하다는 사실을 깨닫게 된다. 일반적으로 덖어서 마시는 우롱차의 섬세한 맛은 전혀 없다. 그리고 역시 산화한 냄새라고 해야 할지, 공기에 오래 노출되었다는 약점이 눈에 띈다.

모든 호텔에 이와 같은 티백만 놓여 있는 것은 아니겠지만, 일류 호텔에서조차 맛없는 차를 내놓는다는 것은 생각해볼 문제가 아닐까 싶다. 종업원에 대한 친절 교육도 중요하겠지만, 맛있는 차를 준비하는 세심함도 그에 못지 않게 중요한 일이다.

이러한 점을 반성한 것인지 요즘에는 호텔이나 여관에 티백을 놓지 않고 찻잎이 담긴 차단지, 찻주전자, 찻잔, 우려낸 찻잎을 담는 사발, 뜨거운 물이 든 포트를 준비해서 방에 놓는 곳도 종종 눈에 띈다. 그야 물론 반가운 일이지만 이것도 정성이 깃들지 않으면 소용이 없다.

사실은 얼마 전 오사카에 갔을 때 유명 호텔에서 묵은 다음날 아침, 준비되어 있는 차 세트로 차를 우려서 마셔보니 기대와는 영 딴판이었다. 무엇보다 찻잎이 나무줄기처럼 딱딱해서 차맛이라곤 거의 느껴지지 않았다. 게다가 준비해놓은 포트 속의 물은 또 얼마나 맛이 없던지. 소독약 냄새가 코를 찌르고 물풀이나 이끼 냄새 같은 것도 아주 강하게 났다.

좋은 차는 좋은 물에 의해서 맛이 더욱 살아나는 법. 이런 세세한 점까지 신경써주는 곳 어디 없나?

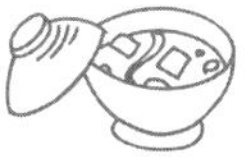

삼시세끼밥

밥은 일본인의 주식이다. 젖을 떼면서부터 먹기 시작해서 죽을 때까지 평생을 먹는다. 삼시세끼, 매일같이 밥을 먹다보면 혀와 미각이 어렸을 때부터 거기에 민감해져서 맛있는지 맛없는지 바로 판단할 수 있게 된다.

예를 들어 햅쌀은 왜 맛있는 걸까? 묵은쌀은 왜 맛이 없는 걸까? 두 가지의 맛 사이에는 확연한 차이가 있다. 햅쌀은 묵은쌀보다 공기에 노출된 시간이 짧아서 그 동안에 일어나는 산화현상이 적어서 신선한 쌀의 향미(香味)를 맛볼 수 있는 것이다. 갓 지은 햅쌀밥에서 피어오르는, 그 식욕을 불러일으키는 냄새, 그리고 은색으로도 표현되는 눈부실 정도의 흰빛, 거기에 한층 더 맛을 더해주는 반짝반짝 빛나는 광택, 한 알 한 알이 내뿜는 아름다운 자태. 햅쌀만이 만들어낼 수 있는 신비로움이다.

한편 묵은쌀은 해가 지날수록 맛이 떨어지는데 저장 중에 점점 산화되어 노화되기 때문이다. 이로 인해 가장 크게 변하는 것이 냄새인데 오래 되면 '묵은쌀 냄새'라는 것이 나기 시작해서 그것으로 밥을 지으면 약간 불쾌한 느낌을 준다. 그 본래의 성분은 과학적으로도 이미 해명되었는데, 겨된장에 많이 포함되어 있는 황화디메틸이라는 복잡한 황화물이라는 사실이 밝혀졌으며, 그 외에 카보닐 화합물도 있다. 냄새뿐만 아니라 쌀알 조직 전체, 특히 아밀로오스와 아밀로펙틴 등과 같은 탄수화물도 노화가 심해지기 때문에 밥을 지었을 때 수분 함량에 영향을 주어 떡처럼 되어 버린다. 햅쌀은 수분을 약간 적게 해서 밥을 짓는 것이 중요한데 이 역시 쌀의 저장 기간과 관계가 있다.

밥 역시 지금까지 맛없는 것을 여러 차례 맛보았다. 외국에 나갔을 때 먹는 쌀은 주로 인디카 쌀이라고 해서 길쭉하고 퍼석퍼석한 것인데, 이것은 어쩔 수가 없다. 그러니 일본 국내에서 먹었던 자포니카 쌀로 지은 밥에 대해서만 얘기해보겠다. 10년쯤 전까지만 해도 홋카이도의 쌀은 맛을 보면 확실하게 구별할 수 있을 정도로 분명 맛이 없었다. 한랭지라는 기후 탓이었으리라. 하지만 지금은 품종이 개량되고 기후에 맞는 방법으로 재배하기에 맛이 상당히 좋아졌다. 또한 교통과 유통과정이 정비되어 혼슈의 쌀이 활발히 유입되고 있기 때문에 홋카이도의 관광지 등에서 먹는 밥에도 별다른 문제가 없다. 홋카이도와 기후가 정반대되는 오키나와에서 먹는 밥에 대해서도 마찬가지이다. 십몇 년 전만 해도 오키나와의 호텔에서 먹는 밥은 대부분 맛이 없어서 맛있는 밥을 먹어본 기억이 없을 정도였지만 지금은 어디에서나 맛있는 밥을 먹을 수 있게 되었다.

하지만 맛없는 밥은 아직도 곳곳에 존재한다. 얼마 전, 학생들을 데리고 한 유스호스텔에 묵은 적이 있었다. 밥그릇에 담긴 밥을 보니 흰색은커녕 약간 거뭇해서 더욱 자세히 보니 살짝 갈색도 띠고 있었다. 상당히 묵은 쌀이라는 사실은 그 순간에도 알 수 있었는데 그 밥그릇을 코 앞으로 가져와 냄새를 맡아보니 더 확실해졌다. 놀랍게도 쌀겨 냄새가 심하게 났다. 도정(쌀을 정미기로 찧어 표면의 겨를 깎는 작업)이 좋지 않은 쌀이라는 사실을 알 수 있었다.

일본인들이 매일 먹는 쌀은 현미를 도정해서 대략 1할의 쌀겨를 깎아낸 것이다. 다시 말해서 1톤의 현미에서 100킬로그램의 속겨를 깎아내고 나머지 900킬로그램의 백미를 먹는 것이다. 현미의 겉을 덮고 있는 것을 '미강'이라고 부르는데 여기에는 비타민과 미네랄, 단백질이 풍부해서 영양적으로는 더할 나위 없이 좋지만 소화가 안 되는 섬유질도 많고, 겨를 깎아내지 않은 현미로 밥을 지어 먹으면 꺼끌꺼끌해서 아주 맛없게 느껴진다. 그런 이유로 도정을 하는 것인데 그 유스호스텔의 쌀은 아마도 5분도(5%의 겨를 깎은 쌀)쯤 되는 것이었으리라. 색이 약간 갈색을 띠고 있었던 것도, 그리고 거뭇했던 것도, 또 쌀겨 냄새가 코에 전해진 것도 그 때문이었던 것이다. 먹어보니 당연히 꺼끌꺼끌한 느낌이 들었으며 딱딱했고 설익은 듯한 감촉이 혀에 남아, 참으로 맛없는 밥이었다.

그러한 밥을 먹게 되었을 때 내게는 맛있게 먹는 방법이 있다. 밥 위에 장아찌 종류를 얹고 찻물을 부어 챠즈케를 만들어 먹거나, 밥 위에 된장국을 부어 말아먹는 것이다. 이렇게 하면 장아찌나 된장국 냄새에 쌀겨 냄새나 묵은내가 얼마간 사라지기 때문에 맛없는 밥도 순식간에 위 안으로 밀어 넣을 수 있게 된다.

이처럼 쌀이 오래 되었거나 도정 상태가 충분하지 않아 맛없는 밥을 수도 없이 체험해왔는데, 그 외에 물을 잘못 맞춰 맛없는 밥이 된 경우도 많았다. 예를 들자면 밥을 입에 넣은 순간 질퍽해서 죽 일보직전처럼 된 것이 그렇다. 밥을 공기에 담는 주걱에는 그 질퍽한 밥풀이 으깨져 풀처럼 들러붙어 있을 정도다. 이와는 반대로 물이 부족해서 설익은 듯한 밥도 여러 번 먹어보았다. 참으로 난처한 일이 아닐 수 없다. 햅쌀에는 햅쌀에 맞는, 묵은쌀에는 묵은쌀에 맞는 물의 양이 있으니 밥하는 사람은 그 쌀의 상태를 잘 파악해서 밥을 짓는 것은 기본 중의 기본이다.

또 이런 맛없는 밥을 먹어본 적도 있다. 어느 정도 큰 여관에서 묵었을 때의 일이다. "저희는 커다란 가마솥으로 밥을 짓습니다"라고 말하기에 '이거 잘됐다. 오래간만에 가마솥 밥을 먹게 되었구나' 하고 한껏 기대를 하며 기다렸다. 마침내 밥통에 담아 가지고 온 밥을 밥공기에 덜어 설레는 마음으로 한 입 넣는 순간 탄내가 코를 찔렀다. 솥의 바닥에서 밥이 상당히 탔을 때 나는 냄새였다. 바닥에서 탄 냄새는 위쪽의 밥에도 그대로 흡수되기 때문에 설령 위쪽은 타지 않았다 할지라도 냄새는 밥 전체에 강렬하게 배게 되는 법이다. 흔히 말하는 '누룽지'와 '탄 밥'은 전혀 다른 것으로, 구수한 누룽지는 솥 바닥에서 갈색 정도로 눌은 부분이고, 당시 여관의 밥은 검게 탄 숯과 같은 것이었다.

요즘 편의점이나 슈퍼마켓에서 '흰쌀밥', 혹은 '화이트라이스'라는 이름으로 포장밥을 팔고 있다. 바쁜 사람들에게는 아주 편리해서 판매도 잘되는 듯한데 거기에도 여러 가지 종류가 있어서 맛의 차이가 매우 크다. 대부분 너무 질고 밥알 하나하나에까지 광택이 나는 것은 매우 드물다. 그리고 대부분의 경우 밥알이 불어서 알갱이가 큰 것도 특징인데 그 불은 물의 양만큼 밥맛이 떨어지고 밍밍한 것도 부정할 수 없는 사실이다. 그런데 요즘에는 이런 흰쌀밥이나 화이트라이스 중에도 놀랄 정도로 맛있는 것이 등장하기 시작했다. 역시 밥을 먹는 민족의 재주와 지혜는 놀라운 것이라고 감탄했다.

'컵밥'이나 '조리된 밥' 등처럼 물을 붓기만 하면 곧 드라이 카레나 볶음밥이 되는 즉석밥도 시중에 나돌기 시작했는데 그것은 알파미라고 해서 쌀의 전분을 흡수하기 쉬운 형태로 만든 것이다. 그 신속함과 편리성 때문에 외국을 여행하는 사람들에게 인기가 있는 듯한데 이는 밥의 맛을 논하기보다 그 편리성을 높이 사야 하는 것일지도 모르겠다.

지금까지 말한 것 외에도 여러 가지가 있지만, 대체로 맛없는 밥을 먹게 될 확률이 큰 때와 장소는 다음과 같았다. 국제선 항공기 기내식의 밥, 병원식의 밥, 대학 식당의 밥, 사내 식당의 밥, 학교 급식의 밥, 미국 등에서 수입할 쌀로 만든 도시락의 밥, 호텔 뷔페에 나오는 밥, 손님이 별로 없는 생선초밥집의 끈적끈적한 밥.

호텔의 물맛

일본은 예로부터 물이 아주 좋은 나라로 알려져 왔다. 분명 맞는 말이다. 일본처럼 전국 방방곡곡에서 생수를 그대로 마실 수 있는 나라는 극히 드물다. 물이 좋기 때문에 일본에서는 독자적인 물의 식문화가 꽃을 피웠다.

예를 들어 물이 좋지 않으면 차도 발달하지 못했을 테니 다도는 태어나지 못했을 것이며, 된장국도 물이 좋아서 훌륭한 맛을 가진 국으로 발전해온 것이다. 그리고 주식인 쌀 역시 물로 끓이는데, 그 좋은 물을 다량으로 흡수해 부드럽게 부풀어 밥이 되는 것이다. 물맛이 좋지 않았다면 그렇게 맛있는 밥은 먹지 못할 것이다. 각 가정에서 먹는 엽차도 마찬가지. 소바도 마찬가지. 술 빚는 것도 물에 좌우되며, 간장, 된장 등도 물이 중요하다.

그렇기 때문에 일본에는 예로부터 물에 관한 독특한 어휘들이 많아서 영어나 프랑스어, 독일어, 중국어 등으로는 번역하기 어려운 면을 가지고 있다. 혹시 일본어에 능통하다며 자신만만해 하시는 분이 계시다면 다음의 일본 말을 번역해 보시라. 틀림없이 당황하고 말 것이다.

미즈아카리(水明かり, 물에 비친 빛으로 약간 밝게 보이는 것)

사소이미즈(誘い水, 마중물)

미즈고코로(水ごころ, 수영할 때의 마음가짐)

미즈니스루(水にする, 노력, 성과를 헛되게 하다)

미즈오우쓰(水を打つ, 찬물을 끼얹다)

미즈오무케루(水を向ける, 상대방이 관심을 갖도록 유도하다)

미즈오사스(水をさす, 물을 뿌리다, 방해하다)

미즈이라즈(水入らず, 남이 끼지 않은 식구끼리)

미즈이와이(水祝, 결혼식 때나 결혼 후 처음 맞는 설에 신랑에게 물을 끼얹으며 축하하는 풍습)

미즈우마야(水駅, 선착장)

미즈우라(水占, 물로 치는 점)

미즈카케론(水掛け論, 서로 자신에게 유리한 이론만 내세워 결론이 나지 않음)

미즈쿠사이(水くさい, 서먹하게 굴다)

미즈사카즈키(水杯, 술 대신 물로 나누는 작별 인사)

미즈시메(水締め, 기초공사)

스이슈(水手, 뱃사람)

미즈나부리(水嬲, 물장난)

미즈데(水手, 글자의 끝을 길게 늘이는 것)

미즈카이(水飼, 가축에게 물을 먹임)

미즈노토(水弟, 십간지의 열 번째)

미즈무케(水向, 이야기를 유도함)

미즈모치(水餅, 저장을 위해 떡을 물에 담금)

미즈노미(水の実, 가지, 외 등을 잘게 썰어 물주발에 넣고 씻은 쌀을 섞은 것)

스이마(水魔, 수해)

미즈하나(水端, 일의 시작)

등등….

이러한 어휘들을 통해서도 일본의 물 문화가 얼마나 깊

은가를 알 수 있다.

일본의 물은 정말로 맛있었다. 산자수명(山紫水明)의 나라란 표현이 참으로 적절하다. 일본의 물맛이 좋은 이유로 우선 그 지형을 들 수 있다. 홋카이도와 혼주, 시코쿠, 규슈의 중앙에는 모두 산맥이 지나고 있는데 거기에는 연간 2000밀리 이상의 비와 눈이 내린다. 다시 말해서 천연수의 보고인 셈이다. 다음으로는 일본의 흙과 나무를 들 수 있다. 너도밤나무 숲이나 상수리나무 숲, 삼나무 숲, 노송나무 숲, 대나무 숲 등에 의해서 비옥해진 토양. 거기로 풍부한 빗물이 침투하여 기름진 토양에 흡수되고, 그것이 지하 암반 사이를 50~60년에 걸쳐서 미네랄을 한껏 흡수하며 지나다니다 땅 위로 솟아오르는 것이다. 그러니 산 속으로 들어가 오솔길이나 짐승이 다니는 길 부근에서 솟아오르는 샘물을 손으로 떠서 마셔보면 시원하고 달콤하며, 순수함의 묘미를 맛볼 수 있다.

그리고 양조장에서 쓰는 물도 마셔보시라. 역시 절묘한 물맛이다. 효고 현의 나다나 교토의 후시미, 히로시마의 요조, 후쿠시마 현의 조지마, 아키타의 유자와, 후쿠시마 현의 아이즈 등의 유명한 사케 양조지도 처음부터 거기에 술도가가 많았던 것이 아니라 좋은 물이 나오는 땅이기에 그곳으로 양조장이 모여든 것이다. 예로부터 '술도가에서 마시는 차는 특히 맛있다'는 말이 있다. 차가 좋을 뿐만 아니라 물도 좋기 때문에 맛있는 것이지, 제아무리 좋은 차를 손에 넣었다 할지라도 그것을 우려내는 물이 좋지 않으면 그저 평범한 차 정도로밖에는 즐길 수가 없는 것이다.

예전에 일본의 물은 매우 맛있었다. 눈부실 정도로 깨끗한 액체였다. 끓여서 살균하지 않고도 생수를 그대로 마실 수 있는 나라는 지구상에 그렇게 많지 않았다. 그런데 솔직히 말하면 지금 일본의 물은 맛이 없어졌다. 산림의 벌채와 주택, 공장의 건설, 퇴비농업에서 화학비료 농업으로의 변화, 생고무를 소각한 재를 땅에 묻는 등 자연환경의 파괴와 오염이 진행된 결과 정말 맛있는 물은 손으로 꼽을 수 있을 정도로밖에 남지 않았다. 우습게도 정부 스스로가 '맛있는 물 100선' 등이라 칭하여 '맛있는 물은 여기에 있습니다'라고 선정해야 하는 상황이 됐다. 그로 인해 그 맛있는 물도 귀해지기 시작했고 그것이 상업화되어 이제는 백화점이나 슈퍼마켓, 식료품점, 자판기에서도 팔리고 있다. 자판기를 들여다보면 '천연수'라거나 '미네랄워터'라고 해서 200*cc*가 110엔이나 120엔에 팔리는 것이 일반적인 일이 되었다. 예전에는 물을 사서 마신다는 것은 생각할 수도 없었으나 요즘에는 당연한 일이 되어버렸다. 휘발유는 멀리 중동에서 운임을 들여 배로 운반해 와서 그것을 정제하여 1000*cc*에 130~140엔 정도에 팔고 있는데 물은 200*cc*에 110엔. 휘발유보다 4~5배나 비싼 물의 가격. 정말 놀라운 시대가 되어버리고 말았다.

일본의 상수도에는 식품위생상의 수도법이라는 것이 있어서 염소 소독이 법으로 정해져 있다. 그렇기 때문에 도시의 수돗물에서는 매우 강한 표백제 냄새가 나서 한번 끓여서 염소 냄새를 날려버리는 사람도 있다. 그런데 이 수돗물, 때와 장소에 따라서도 맛없는 정도가 크게 다르다.

몇 년 전 오사카 시내의 한 호텔에 묵었을 때의 일이다. '이 수돗물은 마실 수 있습니다'라고 세면대에 적혀 있기에 컵에 가득 따라 벌컥벌컥 마셔보고는 깜짝 놀랐다. 이렇게 맛없는 물은 지금까지 마셔본 적이 없다는 생각이 들었을 정도였다. 냄새가 너무 지독했던 것이다. 표백제 냄새뿐만 아니라 그 안쪽으로 불쾌한 냄새가 하나 더 있었다. 그 물을 천천히 맛보았다. 나는 양조학을 전공학문 중 하나로 삼고 있기 때문에 술이나 물을 맛보는 데는 자신이 있었다. 그 냄새의 정체를 바로 알 수 있었다. 흙(진흙)의 냄새와 강에서 자라는 수초의 냄새였다. 진흙 냄새 속에 마른 풀의 냄새와도 같은 것이 섞여 있었다.

오사카와 교토의 취수원은 비와호(琵琶湖)인데, 이 호수에서 흘러나온 물이 세타가와가 되고 교토로 들어와서는 우지가와, 오사카로 들어오면 요도가와가 된다. 그 물줄기에서 취수를 하는데 당시 비와호에는 진흙이 상당히 쌓여서 호수의 정화를 둘러싼 환경문제가 대두되고 있었다. 마침 대학에 근무하며 겸임으로 있던 발효연구소가 비와호 근처에 있었는데, 내가 그곳 소장으로 있을 때 비와호와 요고 호수 바닥의 진흙과 수초 대책에 대한 연구도 담당하고 있어서 그런 사정에 대해서는 잘 알고 있었다. 교토 시내 호텔의 수돗물도 오사카와 마찬가지로 냄새가 나서 아주 맛이 없었는데 역시 같은 물줄기였기 때문이다.

호수의 물 하면 바로 떠오르는 것이 북유럽의 핀란드다. 수도 헬싱키의 물맛이 아주 좋아서 취수원에 대해 물어보니 약 100킬로미터 북쪽에 있는 페이엔네 호수라는 것이다. 그 호수에서 커다란 파이프로 물을 끌어온다는 말을 듣고 곧바로 가보기로 했다. 헬싱키에서 북쪽으로 뻗은 국도를 자동차로 1시간 반쯤 달리자 페이엔네 호수의 취수구에 도착했다. 호수는 생각했던 것보다 컸다. 취수구가 있는 곳은 아식카라라는 작은 마을로 취수구 주변에 관광객을 위한 컵이 몇 개 준비되어 있었다. 현지인 안내원이 "이 컵으로 호수의 물을 떠서 마셔도 됩니다. 아주 맛있어요"라고 권했다. 나는 그 말에 깜짝 놀랐다. 비와호보다 큰 호수의 물을 살균도 여과도 하지 않고 그대로 마셔도 된다니. 그의 말대로 컵을 들어 호수 물가의 물을 떠서 마셔보았다. 물맛은 시원하고 약간 달달하고 잡스러운 맛이 전혀 없이 아주 맛있었다.

이렇게 큰 호수의 물을 대체 어떻게 했길래 그대로 마실 수 있다니! 감동한 얼굴로 내가 물어보자 안내인은 나를 다시 차에 태워 10분 정도 달려 어느 5층짜리 호텔로 안내해주었다. 페이엔네 호수가 한눈에 내려다보이는 그 호텔은 주변 경관을 해치지 않는 곳에 조용히 세워져 있었다. 그런데 호텔의 1층에 들어서자 다시 한 번 놀랐다. 놀랍게도 호텔의 1층 전부가 박물관과 연구센터로 쓰이고 있었다. 정식으로는 '페이엔네 호 자연센터'라는 이름의 그 시설은 호텔 경영자가 1층 전부를 센터에 무상으로 빌려주고 있다고 한다. 페이엔네 호수의 자연과 물을 지키기 위해 2층 이상을 객실로 쓰고 1층에는 숙박시설이 전혀 없었다. 일본의 관광지에 있는 호텔의 1층에는 프론트가 있고 널따란 기념품 매장이 있어서 목욕을 마친 유카타• 차림의 손님들이 손에 수건 따위를 들고 어슬렁어슬렁 돌아다니는 장면을 흔히 볼 수 있으나, 과연 자연을 소중히 여기는 핀란드 사람들은 사고방식이 크게 다르다는 사실을 느낄 수 있었다.

유카타
여름이나 목욕 후에 입는 홑옷

페이엔네 호 자연센터에는 호수의 수질을 지키기 위한 정보시스템과 수질조사실, 호수와 그 주변에 서식하는 생물의 표본실 등이 설치되어 있었다. 안내를 해준 여성 센터장의 말에 의하면 센터의 운영은 전부 나라와 도시, 수많은 단체, 개인 등의 후원금으로 이루어지고 있지만 후원자는 돈만 낼 뿐 운

영에는 전혀 관여하지 않는다고 한다. 그야말로 성숙한 시민들의 나라였다.

그런데 센터장의 설명을 듣고는 더욱 놀랐다. 사실 그 호수는 10년쯤 전까지만 해도 오염이 되어 도저히 생수를 그대로 마실 수 있는 상황이 아니었다고 한다. 이에 호수 주변에 살고 있는 초등학생, 중학생, 고등학생에 대해 환경교육을 철저히 시키고 또 호수 정화운동에 주변의 집들도 참여를 유도해 대대적인 환경 캠페인을 벌였다고 한다. 그리고 그 프로젝트에 헬싱키 대학, 헬싱키 공과대학도 참여하여 페이옌네 호 환경프로젝트팀이 조직되었다.

이렇게 해서 그 프로젝트의 중심이 페이옌네 호 자연센터에 설치되었고 호수 정화를 위한 여러 가지 정보수집이 이루어졌다. 주변 주민은 물론 어린이들과 멀리 헬싱키 시에 살고 있는 사람들도 호수 정화를 위한 매뉴얼을 충실하게 지켜 마침내 10년 후에는 물을 그대로 마실 수 있는 호수로까지 되살아난 것이다. 하면 된다!

3장

/

날아라! 미각인 비행물체

게의 배신

'무사보리비치 카니스키'.•

내가 게를 얼마나 좋아하는지 이 별명 하나만 봐도(내게는 이 외에도 '미각인 비행물체', '걸어다니는 술 단지', '두랄루민 위장', '발효가면' 등등의 여러 가지 별명이 있다.) 충분히 짐작할 수 있을 것이다. 그렇다. 나는 누가 뭐래도 게를 아주 많이 엄청 좋아한다.

내가 게를 처음 먹어본 것은 나의 고향인 후쿠시마 현에서였다. 지금의 이와키 시에 있는 오나하마 항에서 나는 쿠리가니(생김새는 홋카이도의 털게와 매우 비슷한데 털게보다는 작지

무사보리비치 카니스키
'무사보리'는 '걸신들린 듯 먹는다'는 뜻. '카니'는 게, '스키'는 좋아한다는 뜻의 일본어. '게를 좋아한다'는 뜻의 일본어로 러시아식 별명을 붙인 것이다.

만 맛에는 큰 차이가 없다.)를 어렸을 때부터 정신없이 먹어치웠다. 게를 실컷 먹다니, 그런 사치스러운 생활을 했느냐고 물을 사람이 있을지도 모르겠지만 사실 당시는 게나 찰가자미, 버들가자미, 홍살치 등 지금의 최고급 어패류가 값싸서 모두들 맘껏 먹을 수 있는 시대였다. 심지어 생선장수가 자전거 짐칸에 살아 있는 게를 가득 담은 상자를 싣고 다니며 '게~, 게~' 하고 외치며 팔았을 정도였다. 말하자면 당시 그 인근에서 게는 서민들의 맛이고 아이들의 간식 대용이었으니 지금 생각해보면 좋은 시절이었다. 어쨌든 저인망으로 그물이 터지도록 잡아 올렸다.

그 게를 삶아 김이 모락모락 오르고 있는 뜨끈뜨끈한 것의 등딱지를 쩍 갈라보면 포동포동하고 뽀얀 살이 가득 차 있고, 황금색 내장(정확히는 간췌장)도 질퍽하게 들어차 있어서 기막히게 맛이 좋았다.

어렸을 때부터 게 귀신이었으며 그 후에도 쉴 새 없이 게를 먹었고, 어른이 되어서도 국내는 물론 세계 방방곡곡에서 게 소리만 들으면 그곳으로 달려가 무사보리비치 카니스키임을 과시해 왔던 나.

내가 먹어본 게 중에서 특히 맛있어서 잊지 못하는 것들이 있다. 국내에서는 홋카이도 구시로 시의 수산회사 가네세후즈의 달콤하고 먹음직스러운 털게와 무당게, 역시 홋카이도 아쓰케시의 조그만 선술집에서 맛본 가시투성이왕게는 내장이 특히 맛있었다. 후쿠이 현 에치젠초의 여관과 미쿠니초의 '가와키', 쓰루가 시의 '우오쓰지', 그리고 효고 현 기노사키의 니시무라 하지메 씨의 여관 등에서 먹었던 더할 나위 없이 고급스러웠던 바다참게, 지바 현 훗쓰 시 야마킨 수산의 히라노 마사아키 씨 댁에서 먹었던 알이 꽉 찬 꽃게, 후쿠오카에서 먹었던 현해탄에서 자란 꽃게도 맛있었다. 이상은 바다에서 나는 게.

참게나 진흙게 종류 가운데서는 기타카미가와와 도네가와의 참게, 도치기 현 나스마치 무로이 컴퍼니의 야외 파티에서 맛보았던 구지가와 유역의 참게, 사가 현 하마타마초에 있는 '아메겐'에서 맛본 다마시마가와의 참게, 후쿠오카 현 단 히로요시 씨의 참게, 오키나와 현 이시가키 시 이시가키 하루 씨(89세의 할머니)가 맹그로브 숲 속의 진흙 속에서 잡아주신 꽃게 등이 있다.

외국에서 먹어본 것 중에는 러시아에서 캄차카 반도 페트로파블롭스크캄차츠키의 타라바, 브라질 벨렝의 진흙게인 '카란게조', 메콩 강의 참게, 중국 헤이룽장 성 하얼빈 시 쑹화강의 참게, 핀란드 헬싱키 시내의 포장마차에서 팔던 바닷게, 캘리포니아 해산물 레스토랑에서 맛보았던 던지니스 크랩, 노르웨이의 은행게 등등. 지금 생각해보니 꿈과도 같은 게, 게, 게였다. 생각만 해도 군침이 돈다. 쩝.

하지만 동전의 양면처럼 세상에는 맛있는 게의 뒤편에 맛없는 게가 있다. 이 무사보리비치 카니스키에게 그런 게를 만났을 때의 슬픔과 공허함, 절망감이란 이루 헤아릴 수 없는 것이었다. 한 예를 들면 후쿠오카 현 야나가와 시에 갔을 때의 일이다. 조용하고 정취 넘치는 거리 풍경을 음미하며 걷고 있는데 한 생선가게 앞에 '최상품 참게 있습니다'라고 써 붙인 것이 눈에 띄었다. 발길을 멈추고 보니 그물망 안에 바스락바스락 기어 다니는 살아 있는 참게가 가게 앞에 놓여 있었다. 옳다구나! 마침 맛있는 참게를 먹고 싶었던 터여서 당장 그 참게 다섯 마리를 샀다. 그것을 친구 집으로 가져가 삶아 먹기로 했다. 삶는 동안 냄비에서 식욕을 자극하는 삶은 게의 냄새가 새어 나와 위가 오그라드는 듯한 느낌이 들었다. 얼른 삶아져라, 삶아져라, 게여.

마침내 짜잔~!

빨갛게 물든 다섯 마리 게가 커다란 쟁반 위에 담겨 눈앞에 내밀어졌을 때는 흥분이 절정에 이르렀다. 이야말로 식욕의 발기로구나 생각하며 첫 번째 게를 집어 들었다. 그런데 크기에 비해 가벼웠다. 순간, 불안한 기분이 엄습했다. 내가 '껍데기 게'라고 부르는, 살이 거의 들어 있지 않고 껍데기뿐인 게를 만나는 불행한 경험이 떠올랐기 때문이다. 모든 것은 운이다.

일단 먹어보기로 했다. 게의 등딱지를 쩍 하고 갈라 안을 들여다보니 아아, 역시. 순간적으로 식욕의 발기는 고개를 숙이고 말았다. 안은 우윳빛의 얇은 셀룰로이드 판이 얽혀 있는 것 같은 구조였는데 그 판과 판 사이에 그저 변명하듯이 아주 작은 살점이 붙어 있는 상태였다. 일명 '달밤의 게'라고도 불리는, 속이 텅 빈 게였던 것이다. 하지만 아직 우리에겐 네 마리가 남아 있지 않은가.

일단 화를 가라앉히고 다음 게에 기대를 걸어보자며 두 번째 게를 집어 들었는데, 아아앗!! 그것도 가벼웠다. 마침내 불안감이 적중할 것 같다는 생각이 들었다. 그리고 세 번째도 가벼웠다. 그것도 속이 텅 빈 게. 나머지 게도 전부 마찬가지였다. 정말 허무했다. 참을 수 없이 슬펐다.

'그건 잘못 골랐기 때문이야. 게를 보는 눈이 제대로 됐다면 그런 게를 골랐을 리 없지'라고 말씀하실 분들도 있을지 모르겠으나 이유야 어쨌든 나는 여행객, 생선 장수는 어패류 판매의 프로가 아닌가. 생선 장수를 믿은 내가 멍청했던 건지, 교묘하게 속인 생선 장수가 영리했던 건지…. 나는 모든 것을 포기하고 여행 내내 마음속으로 눈물을 삼켜야 했다.

늘상 맛없는 게를 파는 곳도 있다. 물론 맛없는 게만 팔리야 없을 테지만 지금까지 맛있는 게를 먹어 본 적이 한 번도 없다. 그게 어디인가 하면, 교통량이 많은 해안도로의 갓길에

'바다참게 2~3마리 1500엔'이라고 종이에 써 붙이고, 자가발전기로 알전구를 밝힌 트럭의 짐칸에서 파는 바로 '그것'. 무릇 맛있는 바다참게를 1500엔에 세 마리나 살 수 있다면 게를 좋아하는 사람으로서는 그건 꿈과도 같은 이야기이다. 하지만 아무리 생각해봐도 있을 수 없는 일. 좋지 않은 게라는 사실을 알면서도 만에 하나, 백만에 하나의 기적을 믿으며 나도 모르게 사버리게 된다. 모양은 그럭저럭 봐줄 만하고 선명한 진홍색. 1500엔을 내면 머리에 수건을 두르고 입에 담배를 문 아저씨가 신문지에 둘둘 싸서 '옜소!'하며 건네준다.

기대 반, 불안한 마음 반으로 돌아와 냄비에 넣고 삶는다. 그럼 먹어볼까. 첫 번째 게를 손에 들어 등딱지를 쩍하고 가르면 순간 물 같은 것이 줄줄 흘러내린다. 잠시 놀라지만 흔히 있는 일이라며 스스로를 토닥인 후, 그 액체의 정체를 확인하기 위해 손가락으로 찍어 살짝 맛을 본다. 약간 달달한 맛이 난다. 약간은 게의 체성분이 녹아 있나보다 싶지만, 역시 물에 가깝다. 냉동을 할 때 게의 껍데기 주위에 있는 물이 게의 체성분을 머금은 채 얼었다가 그것이 녹아내린 것이리라.

등딱지에 있어야 할 내장이 거의 없는 것은 녹아서 물과 함께 흘러내렸기 때문이다. 그 얼마 되지 않는 내장의 색은 게 특유의 노란색이 아니라 흐릿한 잿빛이다. 등딱지 속 안쪽 부분에서도 내장은 거의 찾아볼 수가 없다. 그리고 게의 몸통 부분을 두 손으로 갈라보면 거기에도 속살은 거의 없다. 그나마 위안이 되는 것은 약간이나마 게의 냄새가 난다는 것뿐. 그래도 역시 게는 게구나 하며 게의 분위기라도 느낄 수 있다는 사실 정도이다.

이제 마지막 희망인 다리 살은 예상대로 껍데기 안에서 세로로 뭉쳐져 나무젓가락처럼 가느다란 막대기 모양으로 오그라들어 있고 그 주위로는 시원시원하게 빈 틈이 있다. 절망적인 기분이지만 포기하지 않고 그 다리 살을 집어 입으로 가져가 씹어본다. 약간 쫄깃한 상태가 되어 있어 마치 약간 부드러워진 마른오징어를 씹는 감촉이다. 어쨌든 이런 게는 딱딱하게 말라 있어서 어느 부위를 먹어봐도 역시 맛이 없다.

지금까지의 경험으로 봐서 나머지 두 마리도 틀림없이 맛없을 것이라 생각되어 그 맛없는 게를 먹을 다른 방법을 궁리해보았다. 여러 가지 요리법이 떠올랐으나 워낙 속살이 적었기에 별로 기대할 것이 없는 데서도 한 가지 묘안이 머리를 스쳐 지나갔다. 우선 중간 크기의 냄비를 가져와 그 위에서 두 마리의 등딱지를 갈랐다. 그러자 평소와 다름없이 물 같은 것이 줄줄 흘러나왔다. 한 방울도 남김없이 냄비 안에 담고, 수분이 다 빠진 게를 도마 위에서 잘게 잘라 냄비에 넣은 다음 거기에 맛국물을 가득 부었다. 그리고 두부, 어슷썰기로 자른 파를 넣고 마지막으로 미소된장을 풀어 게 된장국을 만들었다. 자, 이

제 맛을 볼 시간.

한입 떠먹어 보고는 그 맛에 놀라 감탄하지 않을 수 없었다. 그렇게도 맛없던 게가 이렇게 극적으로 변할 수 있다니!

그 된장국을 그릇에 담아 가만히 바라보고 있자니 게 껍데기의 진홍색과 두부의 하얀색, 파의 노란색, 파란색과 된장국의 황금색이 조화를 이루어 아름답게까지 느껴졌다. 한입 먹어보니 우선 게 특유의 달착지근한 냄새와 미소된장의 고향 냄새가 코끝에서 맴돌았으며, 입 안에서는 게에서 나온 감미로운 맛을 머금은 즙이 가쓰오부시의 중후한 맛국물과 어우러져 거기에 더해진 잘 발효된 미소된장의 칼칼한 맛과 함께 좋은 맛을 이루고 있었다. 이 맛없는 게의 대변신은 내게 큰 깨달음을 주었다. 식재료도 활용하기에 따라 보석처럼 빛나는 것이 될 수 있다는 사실을.

새우튀김에는 새우가 없다

새우튀김은 정말 맛있다.

특히 신선하고 물이 좋은 참새우를 사용해서 아직 산화되지 않은 깨끗한 기름으로 튀긴 것은 눈물이 날 정도로 맛있다. 입에 넣고 씹으면 톡하고 이빨 사이에서 느껴지는 탄력, 그 안의 새우에서 더할 나위 없는 달콤함이 전해지고 뒤이어 품격 있는 맛이 솟아오르며, 그 담백한 맛에다 튀김옷에서 배어 나오는 기름의 묵직한 맛이 더해져 최고로 맛있는 음식이 탄생한다.

하지만 그런 맛있는 새우튀김만 있었던 것은 아니다. 두 번 다시 새우튀김을 먹지 않겠다며 화를 낸 적도 여러 번 있었다.

간사이의 어느 대도시에 갔을 때, 점심을 먹기 위해 맛있어 보이는 집을 찾고 있었다. 그런데 역 앞에 있는 식당의 진열창에 먹음직스러워 보이는 커다란 새우튀김의 모형이 있었다. '그래, 이걸 먹자.' 그 자리에서 결정하고 안으로 들어갔다. 가게 종업원이 물컵을 가지고 와서 주문을 기다릴 때 망설임도 없이 '새우튀김'을 주문했다.

잠시 후 나온 새우튀김은 진열창의 모형과 거의 흡사했다. 참으로 굵고 길었으며 황금색 튀김옷도 보기 좋아 군침이 돌게 하는 훌륭한 모양새였다. 게다가 머리까지 달려 있는 새우의 늠름하고 멋진 표정이 무엇보다도 나를 기쁘게 했다.

드디어 맛을 보았다. 우선 나이프와 포크를 들어 새우 머리와 몸통의 경계선 부근에 칼질을 해서 머리를 떼어냈다. 그런데 보통 맛있는 새우튀김은 나이프가 슥 들어가 아래 접시에 부딪혀 톡 하고 멈추는 법. 그런데 물컹한 느낌과 함께 들어가 퍽 하는 소리를 내며 멈췄다. 거기서 처음으로 불안을 느꼈다. '이 새우튀김 괜찮을까?'

그리고 떼어낸 머리 부분의 잘린 면을 보고 더 큰 불안감이 엄습했다. 그 부분이 새카맣게 보였다. 원래 잘린 면 부근에는 뇌의 황금색이 눈부시게 보여야 하는데 새카맣게 변해 있었던 것.

싱싱하지 않은 새우를 쓰면 새우는 자기소화를 통해 단백질을 분해하기 때문에 가열을 하면서 생기는 색소 성분이 침착되고, 기름에 튀기면 그 부분이 검게 변색하는 이변화현상이 일어난다. '이 집도 그런 걸까, 어쩔 수 없지'라고 생각하며 아직 씹는 맛이 남아 있으니 마지막 기대를 갖고 튀김옷을 입은 몸통을 3센티 정도 잘라 입에 넣고 씹어보았다. 원래는 바삭바삭, 오독오독, 쫄깃쫄깃 탄력 있고 달콤한 맛이 나야 하는데 그것이 없었다. 바삭바삭, 오독오독, 쫄깃쫄깃 대신 문적문적, 끈적끈적, 질척질척했다. 이렇게 해서 세 번째 불안도 적중했다.

음식을 남기는 것은 죄악이라고 생각하는 나. 테이블 위에 있던 돈가스 소스를 뿌려 그 맛으로 간신히 입 안으로 쓸어넣었다. 새우튀김을 먹었다는 느낌이 조금도 들지 않을 정도로 형편없는 것이었다. 이왕 '새우튀김'이라는 이름으로 손님에게 음식을 낼 바에는 좀 더 싱싱한 새우를 써줬으면 얼마나 좋을까.

앞의 '기차역에서 사먹는 도시락'에서도 잠깐 언급했지만, 마쿠노우치 도시락에 들어 있는 새우튀김에도 꽤나 여러 번 속았다. 약속이라도 한 듯 대부분 아주 작은 새우들뿐으로 바싹 말라서, 이런 조그맣고 가느다란 새우를 어떻게 찾아냈을까 감탄스러울 정도이다. 그리고 새우를 감싸고 있는 튀김옷이 굉장히 두껍고 크기 때문에 새우는 더 작게 보인다. 안에는 이쑤시개만큼 가느다란 새우가 튀김옷 안에 숨겨져 있는데, 배신당했다고 느끼는 것은 나뿐이었을까? 앞으로 그런 것들은 뻔뻔스럽게 '새우튀김'이라고 부르지 말고, '튀김새우'라고 부르는 편이 좋을지도 모르겠다.

맛없는 새우튀김은 거리의 고깃집이나 튀김가게, 반찬가게 등에서도 자주 봐왔다. 고깃집의 정육 코너 한쪽 구석에서는 튀긴 돈가스나 크로켓도 파는데 거기에 종종 새우튀김이 놓여 있을 때가 있다.

한번은 조그맣고 둥근 모양의 새우튀김을 맥주 안주 삼아 10개 정도 사가지고 온 적이 있었다. 어디 먹어볼까, 하고 종이봉투를 열어보니 안에서 나온 새우튀김은 흑갈색이었다. 기름의 온도가 너무 높고 기름도 오랫동안 사용해서 갈색으로 변한 것이리라. 하나를 입에 넣고 씹어보니 으득으득 하며 느닷없이 생과자를 먹을 때와 같은 소리가 났다. 촉촉함은 조금도 없었으며 오로지 빵가루와 밀가루만을 튀긴 것 같은 느낌이었다.

가만히 살펴보니 튀김옷 표면 빵가루의 꺼칠한 부분이 검게 탔는데 천천히 씹어서 맛을 보니 탄 부분에서 나는 씁쓸한 맛이 내 마음까지 허탈하게 만들었다. 이 같은 바싹 튀긴 새우튀김에서 봐줄 만한 곳은 딱 한 군데, 튀김옷에서 살짝 삐져 나온 검붉은 색 꼬리의 껍데기 부분이다. 그것을 똑 잘라 그 껍데기만을 입에 넣으면 약간 향긋함이 느껴져 그제야 비로소 '새우로구나'하는 실감을 아주 살짝 맛볼 수 있다. 고깃집의 새우튀김뿐만 아니라 튀김을 전문으로 파는 집이나 반찬가게의 새우튀김 중에도 이런 것이 종종 있기에 절대 방심해서는 안 된다.

굴튀김 중에도 굉장한 것이 있었다. 그것도 일류 백화점에서 산 것이어서 더욱 화가 났다. 크고 보기 좋은 굴튀김이었기에 설레는 마음으로 사서 집에 돌아와 '어디 맛을 볼까' 하고 우선 입맛을 다신 뒤 그 중 하나를 집어 같이 넣어준 마요네즈 소스를 발라 입 안으로 덥석. 그런데 뭐지? 이 맛은? 굴의 풍미가 코와 혀에 조금도 전해지지 않는다. 향긋한 굴의 풍미 대신 빵가루와 밀가루로 만든 튀김옷의 맛과 기름 냄새만이 입 안에 확 퍼졌다. 뭐야 싶었기에 손바닥에 뱉어놓고 그 씹다 만 미지근한 굴튀김을 가만히 살펴보았다. 굴은 어디로 도망갔는지 보이지도 않았고 단지 굴의 몸통 가장자리에 있는 꺼먼 선 모양의 파편만이 보일 뿐이었다.

원래 굴튀김이란 튀김옷이 두껍지 않고 그 속에는 통통한 굴이 들어 있어야 한다. 씹으면 아삭하고 안에서 굴 특유의 바다내음와 탐미적일 정도의 감미로움, 그리고 '바다의 우유'

라고까지 일컬어지는 크리미한 깊은 맛, 거기에 짙은 육즙이 뿜어져 주르르 나오는 법이다. 그것이 내 머릿속에 선명하게 그려져 있는 굴튀김에 대한 기억인데 정반대의 맛없는 굴튀김을 먹었을 때의 실망감이란!

그 백화점에서 산 굴튀김은 전부 10개였는데 그 중에 지금 말한 것처럼 맛없는 굴튀김이 6개, 나머지는 그럭저럭 굴튀김의 체면은 유지하고 있다 싶은 것이 4개, 별미의 기쁨을 맛보게 해준 것은 0개였다. 이후부터 백화점 식품코너의 굴튀김은 사지 않고 있다.

어쨌든 굴튀김이 맛없는 경우에는 다음과 같은 네 가지 공통점이 있다는 사실을 깨달았다. 첫 번째는 두꺼운 튀김옷에 반비례해서 굴이 작다. 그러한 경우 굴의 대부분은 부슬부슬 허물어져 튀김옷 속에 흩어져 있다. 두 번째는 작은 굴을 감싸고 있는 튀김옷이 두꺼울 뿐만 아니라 아주 딱딱해서 때로는 이빨이 아플 정도라는 것. 세 번째는 작은 굴을 감싸고 있는 튀김옷이 흑갈색으로 변할 정도로 고온의 기름에서 튀긴 탓에 너무 파삭파삭하고 겉은 기름만 머금고 있고 튀김옷의 탄 맛 때문에 굴의 풍미는 완전히 사라져버리고 만 것. 네 번째는 반대로 작은 굴에 두꺼운 튀김옷을 입혀 튀길 때 기름의 온도가 너무 낮아서 밀가루가 반숙처럼 크림 상태로 물컹한 것.

어쨌든 나는 튀김을 아주 좋아해서 전갱이튀김, 오징어튀김, 대구튀김, 연어튀김 등 온갖 튀김을 맛보아왔지만 맛없는 것들은 전부 이런 굴튀김과 공통되는 점이 있다.

맛없는 튀김 중에 또 하나 빼놓을 수 없는 것이 있는데 햄튀김이라는 것이다. 이것 역시 백화점 식품매장에서 눈에 띄어 소주 안주로 괜찮겠다 싶어 5개를 샀다. 네모난 햄에 밀가루와 빵가루를 묻혀 기름에 튀긴 것인데 겉보기에는 얇고 보기 좋았다. 소주가 든 컵을 손에 든 채 햄튀김을 한 입 베어 문 순간, 주르륵 튀김옷이 가득 머금고 있던 기름이 녹기 시작해 입 안이 온통 미끌미끌해졌다. 이거 기름의 양이 굉장하다. 아직 손대지 않은 햄튀김 하나를 다른 접시에 올려놓고 숟가락으로 눌러보니 기름이 시냇물처럼 졸졸 흘러나왔다. 그 놀라운 기름의 양 때문에 입맛이 떨어져 이후로 햄튀김은 사지 않게 되었다. 원래는 빵 사이에 끼워서 먹는 것인 듯하지만, 무엇에 끼워서 먹든 몸 안으로 들어가는 기름의 절대양은 변하지 않을 테니 상당한 칼로리의 음식임에는 분명하다.

라면단상

라면의 인기는 식을 줄을 모른다. 텔레비전의 맛있는 음식을 소개하는 특집 방송에도 라면만큼 많이 등장하는 것도 없다. 아사히카와, 삿포로, 하코다테, 센다이, 기타카타, 시라카와, 사노, 도쿄, 오노미치, 나가하마(하카타), 구마모토 등 전국 각지에 라면으로 유명한 도시가 있을 정도로 일본인들은 라면을 좋아한다. 내가 살고 있는 시부야 부근도 예외는 아니어서 언론에서 '라면의 격전지'라고 떠들어댈 정도이고, 유명한 라면집 앞에는 언제나 기다란 줄이 이어져 있다. 그렇게 맛있나 싶어 시험 삼아 들어갔다가 그 맛에 깜짝 놀라 '정말 대단하다'고 감탄하며 돌아온 적도 종종 있었다.

나는 후쿠시마 현 오노마치라는 작은 마을의 양조장 집에서 태어났는데 집 앞에 작은 라면집이 있다. 초등학교 시절부터 그 '센다이야'라는 가게의 라면을 맛보고 감동하며 자랐기에 지금도 본가에 갈 때면 양조장을 지나쳐 곧장 센다이야로 가서 라면을 먼저 먹는다. 개인적으로는 일본에서 가장 맛있는 라면이라고 지금도 생각하고 있다. 틀림없이 이 라면집도 점심시간이 되면 기다란 줄이 이어질 정도이니 누가 먹어도 맛있는 것이리라.

이처럼 일본 전역에 맛있는 라면집이 산재해 있지만, 반대로 맛없는 라면집도 꽤나 많이 있었다. 국물을 만드는 데 정성을 들이지 않고 조미료 회사에서 업소용 수프를 사와서 사용하는 가게도 여럿 봐왔으며, 라면 그릇에 새하얀 화학조미료를 커다란 숟가락으로 한 가득 넣고 거기에 액상수프를 부어 아무렇지도 않게 손님에게 내오는 것도 주방 너머로 본 적이 있었다.

일명 '미각인 비행물체'인 나는 일 년 내내 일본 열도를 날아다니고 있기 때문에 맛없는 라면을 숱하게 먹어보아왔다. 예를 들어 시코쿠의 항구도시에서 말로 표현할 수 없을 정도로 짠 라면을 맛보았을 때에는 기겁을 했다. 선착장에서 배를 기다리고 있었는데 마침 점심시간이어서 배가 출항하기까지는 아직 40분 정도의 시간이 있었다. 세 명의 길동무와 함께였는데 배가 고팠기에 뭘 좀 먹기로 하고, 그 선착장에서 대각선 맞은편에 보이는 한 식당에 들어갔다. 그 식당에는 소바(메밀국수)도 있고, 돈가스덮밥도 있고, 카레라이스도 있고, 라면도 있고, 고등어구이 백반정식도 있었다. 다시 말해 어느 거리에서나 흔히 볼 수 있는 그저그런 식당이었다. 배 출항 시간에 맞춰야 했기에 오래 걸리지 않는 것을 주문하기로 하고 한 사람은 카레라이스를, 나를 포함한 나머지 세 사람은 간장라면을 시켰다.

그런데 점심시간임에도 식당에는 우리 외에 다른 손님은 없었다. 주인과 안주인 둘이 주방에서 음식을 만들고 있는 모습이 보였다. 두 사람 모두 꽤나 나이가 있어서 65세 정도로 보였다. 한 10분쯤 기다렸을까? 우선 카레라이스가 나왔고 뒤이어 라면이 날라져왔다. 쟁반에 담아 가지고 온 것은 할머니였다. 배가 고팠던 우리 세 사람은 뜨거운 국물을 허겁지겁 들이켠 뒤 동시에 첫 마디를 내뱉었다.

"어우, 짜!"

짜도 보통 짠 것이 아니어서 국물을 마시려면 상당한 용기가 필요할 정도였다. 서둘러 먹느라 국물 색에 신경을 쓸 틈도 없다가 너무나도 짠 맛에 가만히 들여다보니, 국물은 다른 식당 일반 라면의 호박색 같은 맑은 빛보다 훨씬 짙어서 검은

색에 가까웠다. 이러니 짤 수밖에. 우리 셋은 서로의 얼굴을 마주보았으나 출항 시간이 얼마 남지 않았기에 다시 만들어달라고 할 수도 없는 일이었다. 배가 고파서 안 먹을 수도 없었다. 나는 라면에 컵의 물을 잔뜩 부은 뒤 눈을 질끈 감고 먹어보았다. 다른 두 사람도 내가 하는 것을 보고 따라했다. 그런데 아아, 이번에는 물을 탄 국물 맛은 이도 저도 아닌 밍밍한 맛이 되어버렸고 국물과 면 모두 미지근하게 식어버려 아무리 배가 고파도 도저히 먹을 수 없는 맛이 되어버리고 말았다. 그 순간 나는 앞으로 남은 인생에서 이보다 더 맛없는 라면을 먹는 일은 결코 없을 것이라고 앞날에 대한 전망까지 했을 정도였다.

홋카이도 H시의 유명한 어시장 안에 있는 라면집에 들어갔을 때 시코쿠의 항구도시에 있는 라면집만큼 격하게 짜지는 않았지만, 끈질기게 따라붙는 느끼한 맛에 기분이 상한 적도 있었다. 아마도 큰 숟가락으로 듬뿍 넣었을 화학조미료 때문이었다. 이런 종류의 라면은 처음 국물을 맛본 순간에는 '맛있는데!'하는 생각이 들지만, 꿀꺽 삼키고 난 직후부터 입 안에 아주 불쾌한 뒷맛이 남는다.

음식 남기기를 싫어하는 나, 시코쿠에서 과격할 정도로 짠 라면을 먹었을 때의 실수도 잊어버리고 이번에도 역시 그 간장라면에 냉수를 부어버리고 말았다. 그런데 이때도 라면 본래의 맛이 순식간에 희석되었을 뿐만 아니라 화학조미료의 텁

텁한 맛이 도드라졌고, 게다가 국물과 면 모두 미지근해져서 도저히 입에 넣을 수 없었다. 화학조미료의 맛이 너무 강해, 맛없는 음식에 물을 부어 희석시키면 그럭저럭 먹을 수 있지 않을까 하는 나의 얕은 꾀와는 달리 더 한층 맛없는 음식이 되어 버렸다.

라면집 중에 재미있는 곳에 간 적도 있었다. 라면 자체의 맛이 없었던 것은 아니지만, 도호쿠 지방의 한 조그만 시골마을에 갔을 때 들어갔던 라면집 아주머니의 행동은 참으로 엄청났다. 나 외에 같이 간 학생이 3명 있었는데 우리는 모두 된장라면을 주문했다. 10분쯤 기다렸을까. 65세 정도의 아주머니가 완성된 라면을 우리 테이블까지 가져다주었다. 그런데 가만히 보니 라면 그릇을 맨손으로 들고 가져왔다. 대부분은 쟁반에 받쳐서 가져오는 법인데 그 할머니는 맨손이었다. 라면을 담은 그릇은 엄청 뜨거울 텐데 그것을 참고 가져오다니 이야말로 보기 드문 특기라고 감탄했다. 그렇게 해서 우선 내 앞에 라면 그릇을 놓는 순간 허걱 했다. 세, 세상에나, 두 손으로 받치듯이 해서 날라 왔는데 오른손 엄지손가락이 그릇의 가장자리를 넘어 국물 안에 들어가 있지 않은가. 여기에는 놀라지 않을 수 없었다. 불결하게도 뜨거운 국물 안에 손가락이 텀벙 빠져 있었다.

하지만 아주머니는 아무 일도 없었다는 듯 시원시원한

얼굴로 “오래 기다렸습니다!”라고 말하고 라면을 테이블 위에 내려놓고 다음 라면을 가지러 갔다. 엄지손가락이 라면의 국물 속에 빠져 있었다는 사실을 깨달은 건 나뿐이었기에 다음 라면에도 손가락이 들어가 있으면 세 사람에게도 가르쳐주어야겠다고 생각하고 있었는데 아아~ 이번에도 쟁반을 쓰지 않고 맨손으로 가져왔다. 아무래도 이 운반법은 아주머니의 특기인가보다 생각하며 다시 확인하기 위해 문제의 손가락을 바라보니, 아아아아! 이, 이번에도 엄지손가락이 국물 안에 잠겨 있었다. 아주머니는 이번에도 역시 시원시원한 목소리로 “오래 기다렸습니다!”라고 말하며 아무 일도 없었다는 듯이 라면을 테이블 위에 올려놓고 갔다.

나는 세 학생에게 사건의 진상을 말해주었다. 그러자 세 사람 모두 “네?”하며 눈을 커다랗게 뜨고 다시 라면을 가지러 주방으로 가는 아주머니의 뒷모습을 바라보았다. 그리고 이번에도 역시 아주머니는 세 번째 라면을 맨손으로 날라왔다. 나를 포함한 네 사람의 눈길이 일제히 아주머니의 엄지손가락으로 쏠렸다. 안돼, 제발…! 놀랍게도 아주머니의 엄지손가락은 세 번째 라면의 국물 속에도 텀벙 잠겨 있었다. 세 사람이 국물에 잠겨 있는 엄지손가락에 놀라 한동안 벌린 입을 다물지 못하고 있을 때 마지막 라면이 나왔다. 역시 엄지손가락이 잠겨 있는 채로.

아주머니가 라면을 테이블 위에 놓기 직전에 내가 "아, 아주머니. 손가락이, 엄지손가락이 라면에 들어갔어요!"라고 말했다. 씩씩한 아주머니의 대답이 참으로 굉장했다. "뜨겁지 않으니 걱정할 거 없어요. 괜찮아요. 이걸로 4인분 다 나왔어요. 맛있게 드세요"라고 대답하지 않겠는가.

우리는 하는 수 없이 그냥 라면을 먹기 시작했고, 다 먹을 때까지 아주머니의 엄지손가락이 자꾸만 머릿속에 어른거려 심리적으로 맛이 없었다.

옛날 토마토

N(질소), P(인), K(칼륨)은 식물의 3대 영양소이다. 이것이 있으면 채소도 쌀도 과일도 잘 자라 안정된 수확을 할 수 있다고 알려져 1955년경부터 화학비료를 사용한 농업이 시작되었다. 그 전까지는 퇴비가 중요한 비료였는데, 그런데 완숙퇴비를 만들기까지는 4~5년이나 되는 발효기간이 필요하다(완전히 발효, 숙성한 퇴비가 아니면 뿌리가 썩는 병이나 선 채로 말라 죽는 병에 걸린다). 이는 매우 번거로운 일이다. 농업협회에서 N, P, K의 성분인 황산암모늄과 인산칼륨을 사와서 경작지에 뿌리면 작물이 잘 자라 수확이 보장된다고 알려지자 농가에서는 단번

에 이 화학비료를 사용하게 되었다. 하지만 그렇게 해서 얻은 풍성한 수확 대신 잃어버린 것도 있다. 채소나 과일에 깊은 맛이 없어졌고 어느 지방에서 기른 것이든 풍미가 똑같아져버리고 말았다.

퇴비를 사용해서 키운 옛날 토마토와 오이는 정말 맛이 좋았다. 나는 지금도 그것을 생생하게 기억하고 있다. 밭에서 갓 따온 채소를 차가운 우물물이 담긴 통 속에 담가두면 토마토나 참외 등은 실하게 익은 자신의 무게 때문에 통의 바닥으로 가라앉았다. 더운 여름날, 그 가라앉은 토마토를 꺼내 먹었을 때의 싱그러운 맛은 자연이 가진 힘의 존엄함까지 느끼게 해주었다. 토마토를 덥석 베어 물면 그 순간 토마토의 강렬한 천연향이 용솟음치듯 콧속으로 들어와 태양의 냄새를 퍼지게 한다. 한편 입 안에서는 진한 감미로움과 중후한 맛이 뒤섞여 몇 번이고 그 맛을 음미했다. 그야말로 비옥한 땅과 생명의 근원인 태양 사이에서 태어난 산물과도 같은 채소와 과일들뿐이었다.

그런데 퇴비를 쓰면 어째서 농작물의 맛이 좋아지는 것일까? 그 전에 퇴비에 대해 약간 알아둘 필요가 있다.

퇴비란 농산폐기물인 볏짚과 보릿짚, 축산폐기물인 소나 말, 돼지, 닭 등의 분뇨, 인간의 식료 폐기물인 음식물 쓰레기, 거기에 자연의 대사물질인 낙엽 등을 널찍하게 만든 공간에 쌓아두고 그것을 자연계에 서식하고 있는 발효미생물로 자연발효시켜 퇴비의 원료인 유기물을 전부 무기물인 토양(흙)으로 바꾼 것이다. 그 토양, 즉 퇴비는 원료에서 발생하는 N, P, K를 풍부하게 포함하고 있을 뿐만 아니라 식물이 건강하게 자라는 데 필요한 원소인 Ca(칼슘), Cu(구리), Zn(아연), Mg(마그네슘), Mn(망간), Ni(니켈), Fe(철), Al(알루미늄), Co(코발트) 등도 포함하고 있다. 예전에는 농가에서 완숙퇴비를 만드는 데 5년이나 시간을 들여 천천히 발효시켰지만 요즘에는 현대의 발효학을 응용해서 단 25일 만에 완숙퇴비를 만들 수 있다.

그렇다면 어째서 퇴비농업으로 수확한 작물과 화학비료농업으로 수확한 작물은 풍미에서 그토록 차이가 있는 걸까? 그 이유는 화학비료 농법을 쓰면 N, P, K는 풍부하게 공급할 수 있지만 식물이 건강하게 자라는 데 필요한 미량의 원소가 없기 때문이다. 특히 같은 곳에 계속해서 화학비료만으로 작물을 경작하면 얼마 지나지 않아 토양에 포함되어 있던 미량의 원소마저도 작물에 흡수되어 점차 없어지게 된다. 하지만 퇴비를 쓰면 미량의 원소가 풍부하게 포함되어 있기 때문에 작물이 그것을 마음껏 흡수할 수 있다.

예를 들어 토마토의 경우, 특유의 풍만한 맛은 퇴비가 공급하는 원소들이 생합성 작용을 하면서 감미로운 맛의 주성분인 당분, 풍미를 주는 알라닌과 같은 아미노산 등, 감칠맛의 주성분인 글루타민산과 같이 미각을 돋우는 물질을 만들어내기 때문이다. 그리고 퇴비농업(유기농법이라고도 한다)으로 기른 토마토나 시금치의 색이 그토록 빨갛고, 또 아름다운 녹색을 띠는 것도 퇴비에 함유되어 있는 미네랄 때문인데, 예를 들어 Cu(구리)는 뿌리를 통해 흡수되면 붉은 색소인 카로틴이나 녹색인 클로로필(엽록소)을 만들기 위해 반드시 필요한 역할을 한다. 그래서 퇴비로 기른 것은 맛뿐만 아니라 보기에도 좋다. 또한 퇴비를 쓰면 땅의 힘이 강해져 작물이 건강하게 성장한다. 병충해를 입지 않도록 예방하는 여러 가지 기피 성분을 발산하여 스스로 방지하는 자기방어력이 향상되는 것이다.

작물을 기르는 데 필요한 3대 영양소인 N, P, K만 있으면 된다는 생각을 인간의 식생활에 적용해보면 그것의 폐단을 금세 알 수 있다. 인간이 살아가는 데 필요한 3대 영양소인 탄수화물, 단백질, 지방만 섭취하면 된다고 생각하고 매일 밥이나 빵, 고기, 기름만 먹는다면 어떻게 될까? 틀림없이 1년도 되지 않아 몸에 어떤 이상이 생겨 대개의 경우 병에 걸리고 말 것이다. 사람도 역시 그 3대 영양소 외에 비타민이나 미량원소(무기질)가 공급되지 않으면 건전한 육체와 정신을 만들 수 없는 것이다.

어쨌든 요즘의 채소나 뿌리식물, 과일, 쌀 등이 맛없어진 탓에 최근에는 퇴비로 기른 유기농 작물이 인기를 얻게 된 것도 다 이런 이유 때문이다. '예전의 토마토는 맛있었어', '예전의 오이는 풋풋한 향기가 참으로 강하고 싱그러웠어'라며 옛날을 그리워하는 사람이 많아진 것도 작물을 재배하는 땅의 힘에 대한 차이를 인식하기 때문이다.

680엔짜리 생선회

나처럼 삼시세끼 중에서 생선이 없으면 기분이 나빠질 정도로 심각한 생선중독 환자에게 있어서 맛없는 생선만큼 김빠지는 일도 없다. 나의 식생활은 아침에는 대부분 말린 정어리, 점심에는 고등어 된장조림 정식, 저녁에는 생선회를 빼놓지 않고 먹는다. 그 중에서도 생선회를 가장 좋아하기 때문에 생선회에 대해서는 누구보다도 까다롭다. 특별히 참다랑어나 광어, 가자미 같은 최고급 생선회가 아니어도, 참치의 경우에는 눈다랑어나 황다랑어, 날개다랑어 등처럼 슈퍼마켓이나 백화점에서 긴 직사각형 모양으로 포장해서 파는 것으로도 충분하다.

그런데 사가지고 와서 한입 먹어보고는 아뿔싸! 싶은 것들도 적지 않다. 요즘에는 생선회를 파는 매장의 조명등이 참으로 교묘하게 만들어져 있어서 아무리 신선도가 나쁜 생선이라도 아주 불그스름하고 광택이 난다. 이런 것이 한 토막에 680엔이라니 횡재했다는 마음으로 룰루랄라 사가지고 집으로 돌아온다. 그런데 집에 와서 부엌에서 열어보면 세, 세상에나! 시커멓게 변해서 윤기는 온데간데없고 흐물흐물한 경우가 적지 않았다. 대체 그건 뭐였지? 속인 가게가 나쁜 것일까, 속은 내가 잘못일까?

하지만 기왕 사왔으니 그냥 먹자, 스스로를 달래가며 술안주 삼아 한 점을 입에 넣어본다. 우웁! 생선회의 풍미도 없고 평소보다 비린내가 강하다. 간장의 힘에 압도당해버려 허무한 마음에 사로잡힌 때가 적지 않다. 한 토막에 680엔짜리니 누구를 탓할까. 나머지는 간장에 담가두었다가 다음 날 참치절임으로 먹는다.

그런데 교묘한 것은 전등빛뿐만이 아니다. 최근에는 포장된 생선회 밑에 화학섬유로 만든 스펀지 상태의 얇은 깔개가 깔려 있는데 그것이 생선회에서 나온 물기를 흡수하도록 되어 있다. 요즘 생선회 중에는 냉동제품이 많은데 제대로 해동하지 않으면 생선회에서 체액의 일종인 육즙이 빠져나온다. 사실 그것이 생선회의 감칠맛을 구성하는 중요한 성분이기도 하기 때문에 그것이 빠져버려서는 곤란하다. 게다가 생선회 주위에 빨간 피가 떨어져 있으면 소비자는 시각적으로도 불쾌감을 느끼기 때문에 깔개를 깐 것이리라. 생선의 육즙을 그 깔개가 바로 흡수하여 생선회에서 나온 감칠맛 성분이 빠져나오지 않은 것처럼 보이게 하는 것이다. 이 역시 교묘한 테크닉이다. 육즙이 빠져나온 생선회는 밍밍하고 맛이 흐리멍덩해져 있어서 맛이 좋을 리가 없다.

맛없는 생선회와의 만남은 참치뿐만 아니라 광어, 가자미 등과 같은 최고급 흰살 생선에서도 몇 번이고 경험했다. 파티에서 광어회를 만나면 너무 반가워서 그 품위 있는 달콤함과 풍미, 아삭아삭 씹히는 식감을 기대하며 한 점을 집어 입 안에 넣는다. 그런데 씹는 순간 물컹한 식감이라니! 씹는 맛은 전혀 없고 신선도가 떨어진 생선에서 나는 비린내, 그리고 특유의 흙냄새. 예전의 자연산 광어에는 그런 냄새가 전혀 없었다는 점을 생각해보면 역시 양식 광어의 사료에서 오는 것, 생육환경에서 오는 것이리라.

양식 광어나 도미 등의 사료는 대부분 다른 값싼 생선을 으깨어 만든 것인데 그것도 운반이나 가공 중에 신선도가 떨어져 비린내와 흙냄새가 나게 된다. 그것을 매일 배불리 먹고 자란 생선에서 그 냄새가 나는 것은 당연하다. 또한 양식장에는 그런 먹이가 대량으로 뿌려지는데 먹고 남은 사료가 진흙 상태로 바닥에 쌓여 있는 경우도 있다. 거기서 흙냄새가 나니 그 속에서 자란 생선에서 불쾌한 냄새가 배지 않을 리 없다. 심한 경우에는 그런 냄새가 코를 찔러 오랜만에 마주한 광어회에도 환멸을 느껴 먹고 싶어지지 않는 경우도 있었다. 그런 경우에는 가능한 한 광어의 흙냄새를 없애기 위해서 고추냉이를 듬뿍 바르고 간장도 흥건하게 찍어 먹기도 하는데, 광어의 품위 있는 감미로움과 감칠맛은 어디에도 없으며, 또 흰살 생선의 회임에도 불구하고 거무스름하게 변해버려 참으로 허망한 마음이 든다.

광어의 이런 흙냄새라고 해야 할지, 양식 방어의 회도 마찬가지이다. 그 냄새가 코를 찌르고 영 거슬려서 아주 맛없게 느껴지는 경우가 있다.

어느 날 슈퍼마켓에서 방어회를 하나 사가지고 왔다. 가게에 진열되어 있을 때는 마법의 전등 덕분에 광택이 나고 빛깔도 좋아 먹음직스러웠으나 집에 가져 와서 접시에 옮겼을 때의 빛깔이란 정말 한심스러웠다. 어딘가 흙빛을 띠고 있었으며 전체적으로 물컹물컹했다.

얇게 썬 회 한 점을 젓가락으로 집어보니 힘없이 흐물흐물했다. 싱싱한 방어는 탱글탱글하고 탄력이 있어서 입에 넣고 씹으면 쫄깃한 맛이 있는 법인데 그 생선회는 물컹해서 씹는 맛이 전혀 없었다. 탱탱한 식감 대신 비린내와 흙냄새가 코로 밀려왔다. 참으로 맛없는 생선회라니! 이처럼 해도해도 너무한 방어회는 의외로 많아 대부분의 사람들이 그 맛에 몇 번이고 몸서리를 쳤으리라.

나는 또 회전초밥에 대해서도 유감이 많다. 시부야 등의 번화가에 가면 맛집으로 인기 있는 회전초밥 집 앞에는 손님들이 장사진을 친다. 한번은 길을 가는데 회전초밥집 앞에서 발걸음을 멈춘 채 노부부가 "여보, 빙글빙글 초밥 먹고 가요"라고 말하는 것을 들었다. 그렇구나, 회전초밥을 빙글빙글 초밥이라고 하는구나, 라며 재미있다고 생각했다.

평소 회전초밥에 대해 잘 알지 못하는 나는 공부 삼아 그 빙글빙글 초밥집에 몇 번 가본 적이 있다. 가게마다 밥 위에 얹는 재료가 많이 다르고 가격에 따라 다르다는 사실은 알고 있었지만, 어떤 회전초밥집의 참치나 오징어는 기껏해야 2~3밀리 두께여서 들여다보면 생선 밑의 밥과 고추냉이의 녹색이 비쳐 보이는 데는 놀라지 않을 수 없었다. 어쩜 이렇게 얇게도 썰었을까! 감탄까지 했을 정도였다. 그러한 생선초밥은 회전초밥뿐만 아니라 기차역이나 거리의 도시락집, 편의점에서 파는 생선초밥에도 공통되는 점이다. 어쨌든 밥알 80%에 다른 재료가 20%정도여서 나는 이런 생선초밥을 '이팔 초밥'이라고 부른다. 회전초밥은 싼 가격이 매력이라고 말하는 사람도 있는데 그런 '이팔 초밥'을 여섯 접시만 먹어도, 예를 들어 한 접시에 평균 150엔이라면 900엔이다.

그런데 초밥 전문점에 들어가 "어서 오십쇼!"라는 활기찬 인사를 받고 커다란 찻잔에 맛있는 차를 내오고 경우에 따라 된장국까지 나오며 여유롭게 의자에 앉아 '보통'을 주문해도 기껏해야 1000엔. 이쪽이 훨씬 더 이득이라는 생각이 드는 것은 나쁜일까?

어찌됐든 회전초밥집이라고 하나같이 이팔 초밥만 파는 것이 아니어서, 요즘에는 경쟁 가게와 생존을 걸고 싸우기 때문에 좋은 재료를 대량으로 들여와 싸게 파는 집도 많아졌다. 얼마 전에도 소문을 듣고 한 가게에 가봤는데 참치와 전갱이가 일류 초밥집에 뒤지지 않을 만큼 훌륭해서 어찌나 감동했던지!

요즘에는 생선초밥 전문점에서 별별 희한한 재료의 초밥을 내주는 경우도 있다. 얼마 전에도 이름이 알려진 가게에 갔더니 소고기 육회를 재료로 초밥을 만들어주었는데, 먹어보니 마블링이 너무 많아서 입 안이 미끌거리고 누린내도 꽤나 심해 솔직히 말해 맛이 없었다. 이처럼 이상한 재료로 만든 초밥 중에 먹어본 것으로는 말 육회, 닭가슴살, 아보카도, 얇게 썬 가리비 튀김, 마요네즈에 무친 게맛살, 마요네즈와 오징어회를 무친 것 등이었다. 아이디어는 좋았을지 모르겠지만 하나같이 맛이 별로였다. 초밥에는 역시 거기에 어울리는 어패류가 있는 법. 아무리 창작 초밥이라 할지라도 초밥집은 기본으로 돌아가 '초밥이란 무엇인가'를 다시 한 번 생각해본 뒤 품위 있게 만들어야 한다고 생각한다.

나는 유부초밥이나 김말이처럼 간편하게 먹을 수 있는 부메뉴 같은 초밥도 매우 좋아하는데 그런 초밥도 맛없는 것을 꽤나 먹어봤다. 간토 지방 북쪽의 한 도시를 자동차로 여행할 때, 점심 먹을 시간이 없어 동행했던 한 사람이 길가의 '식료품 백화점'에 가서 유부초밥과 캔에 든 녹차를 사다주었다. '식료품 백화점'이란 가게 이름이 아니라 귤, 사과도 있고 통조림도 있고, 도시락도 과자도, 된장도, 인스턴트 라면도, 쓰쿠다니(조림)도, 말린 생선까지도 있는 가게를 말한다. 차를 도로변 주차장에 세워놓고 사온 유부초밥으로 점심을 먹었다.

나는 시간이 없어 간단히 먹을 때면 대부분 유부초밥을 선택한다. 어렸을 때부터 유부를 아주 좋아했고 거기에 초밥이 들어 있어서 간편하게 먹을 수 있기에 자주 이용한다. 전국 각지의 유부초밥을 숱하게 먹어봤지만 그 도시의 '식료품 백화점' 유부초밥은 그때까지 품고 있던 유부초밥에 대한 환상을 단번에 날려버리고 말았다. 처음 한입 넣고 씹었는데 뻣뻣하고 아주 딱딱했다. 이거 좀 이상하다고 생각한 순간, 그 유부 속 간장의 짠맛에 놀라움을 넘어 정신이 아찔해지며 하마터면 쓰러질 뻔했다. 그런 데다 초밥은 놀랄 정도로 시었으며 밥도 모래알갱이 같았다.

그 맛없음의 원인은 바로 알 수 있었다. 유부가 딱딱하게 변한 것은 냉동 때문인데, 아마 그날 팔고 남은 유부초밥을 냉동 보관했다가 이튿날 꺼내어 해동한 것이리라. 만일 그날도 팔리지 않았다면 다시 또 냉동시켰을지도 모른다. 냉동할 때마다 유부에서 수분이 날아가 그처럼 '돌덩이 유부'가 되는 것이다. 밥이 딱딱해져서 모래알갱이처럼 된 것도 냉동 밥 때문이리라. 밥이 너무 시었던 것은 오래 보관하기 위해 살균작용이 있는 식초를 너무 많이 넣었을 테고.

만드는 쪽 입장만 생각한 이와 같은 유부초밥은 역시 NG! 초밥에는 적절한 식초의 양이 관건인데 그 유부초밥에는 질려버리고 말았다.

맛없는 유부초밥은 대체로 이와 같은 것이었는데 개중에는 첫눈에 소름이 돋은 것도 있었다. 유부를 홀랑 뒤집어 꺼끌꺼끌한 안쪽 면을 겉으로 드러나게 만든 유부초밥이었다. 무슨 생각으로 그렇게 만든 것인지, 아무리 생각해도 답이 나오지 않았다. 유부초밥의 매력 중 하나는 초밥을 품고 있는 유부의 아름다운 광택, 식욕을 자극하는 연갈색의 자태이다. 그런데 그 아름다움이 보이지 않도록 정성스럽게 뒤집어서 뒷면이 드러나도록 하다니 참으로 기묘한 유부초밥이었다. 유부초밥 본연의 광택과 연갈색은 온데간데 없고, 희끄무레한 표면이 두부의 비지처럼 보여 손이 가지 않았다. 다른 유부초밥과의 차별성을 강조하기 위해 그렇게 한 것일지도 모르겠으나, 내가 보기에는 쓸데없는 짓으로 여겨졌다. 유부초밥 본연의 모습과 맛과 색과 향으로 승부하는 게 가장 좋은 방법이다.

무느만 연어알

십여 년 전 여름, 나는 니가타에서 비행기로 러시아의 블라디보스토크로 갔고 거기서 다시 비행기를 갈아타고 북동쪽으로 약 2500킬로미터를 날아 캄차카 반도의 페트로파블롭스크캄차츠키에 갔었다. 인구 25만 명 정도의 이 도시는 캄차카 주의 주도(州都)로, 러시아 극동 지구의 중요한 군사 요새지역이기도 하다. 도시는 베링 해에 면해 있어서 거기서 오호츠크 해까지 캄차카 반도를 횡단했는데 그 여정 곳곳에서 먹은 것은 대부분이 연어였다. 그 무렵은 연어가 바다에서 강으로 활발하게 거슬러 오르기 때문에 고기뿐만 아니라 난소와 정소도 마음껏 먹을 수 있다. 제일 맛있었던 것은 정소에 소금, 후추로 밑간을 하고 밀가루를 뿌려 튀김옷을 입힌 뒤 기름에 튀긴, 우리 식으로 말하면 튀김과도 같은 것이었는데 그것을 빵에 끼워 먹으면 절묘하다 싶을 정도로 맛있었다.

그 외에 연어알젓과 이크라*도 상당히 싸게 팔았는데 솔직히 말해서 아주 맛이 없었다. 홍송어, 사할린송어, 연어, 킹새먼 등 맛있는 연어들이어서 난소도 맛있을 줄 알았는데 그것이 맛없었던 이유는 이상할 정도로 염분이 많았기 때문이다. 대부분의 난소에 상상을 뛰어넘는 정도의 소금이 뿌려져 있어서 그대로 먹으면 입이 오그라들고 혈압도 급격하게 상승할 것이다. 그도 그럴 것이 캄차카 주는 여름이면 기온이 상당히 높아 소금을 잘 뿌려두지 않으면 빨리 변질된다. 그리고 먹는 법도 염장한 이크라나 연어알젓을 빵에 끼워 먹거나 샐러드 위에 살살 뿌려서 먹기 때문에 염분이 강한 편이 오히려 맛이 더 살아난다.

*이크라(ikra) 연어나 송어 알을 소금에 절인 것

한편 일본에서 판매되고 있는 이크라나 연어알젓도 다른 음식들처럼 맛있는 것과 맛없는 것이 확실히 구별된다. 백화점의 연어알젓 매장에 가서 알게 된 사실인데, 맛있는 것과 맛없는 것 사이에는 상당히 큰 가격차가 있어서 당연한 얘기겠지만 비싼 것일수록 맛있다고 한다. 잡은 시기, 혹은 연어의 종류나 잡았을 때의 상태와 가공기술의 차이에 의해서도 맛이 달라지는 것이리라.

맛없는 이크라의 대표적인 것은 회전초밥집에서 빙글빙글 돌고 있는 군함말이의 이크라로 나오는 그 맛이다. 그밖에도 거리의 초밥 체인점, 기차역 도시락 매장의 스시, 그리고 일반 초밥집의 송죽매(松竹梅), 혹은 특상이나 보통이라고 등급이 매겨진 것 중의 '보통'에 담겨 있는 이크라에서도 맛없는 것들을 만날 수 있다. 이러한 가게들의 이크라는 대부분 맛이 없다. "싼 맛에 먹는 거니 잔소리 말아! 불만 있어?"라고 오히려 큰소리를 친다면 입을 다물 수밖에 없을 테지만, '이런 이크라 군함말이인 줄 알았으면 안 먹는 건데. 손님을 상대로 장사를 하는 거니 좀 더 진지하게 해주었으면 좋으련만'하는 생각이 드는 것도 어쩔 수 없는 일이다.

이처럼 맛없는 이크라에 공통되는 점은 입에 넣고 씹어도 거기에는 물컹하고 짠맛만 있을 뿐, 이크라 특유의 입맛을 돋우는 고소한 맛이 전혀 없다는 점이다. 들리는 말에 의하면 가게에 따라서는 진짜 이크라가 아니라 화학조미료와 식용유, 거기에 색소를 사용해서 교묘하게 눈속임을 한 인공 이크라를 쓰는 곳도 있다고 하니 할 말이 없다.

도쿄 도심의 번화가에 있는 초밥집에서 '보통'을 주문했을 때는 웃음을 참을 수가 없었다. 군함말이가 2개 들어 있었는데 그 중 하나는 이크라, 다른 하나는 게였다. "오! 게다. '보통'에 게가 나오다니. 이거 수지맞았는걸. 여기 주인장은 인심도 좋군"이라고 생각하며 게를 먹어보았는데, 속았다. 놓여 있던 것은 게맛살이었다. 이번엔 이크라 군함말이를 가만히 살펴보니 그것 역시 어처구니없는 것이었다. 표면은 바싹 말라서 광택 따위 찾아볼 수도 없었으며, 한 알 한 알이 찌그러져 있고 색도 바래 있었다. 그것을 입에 넣고 씹어보았더니 쫀득해야 할 이크라가 미끌미끌했으며 씹은 윗니와 아랫니에 이크라가 들러붙어 떨어지지 않았다. 정말 당황하지 않을 수 없었다. 두 번 다시 경험하고 싶지 않은 문화충격이었다. 입 안에 남아 있던 이크라 알갱이를 두어 개 꺼내 그것을 간장 종지에 놓고 터뜨려보니 이크라 본래의 뽀얀 빛깔은 보이지 않고 기름 덩어리가 흩어졌다. 이게 바로 인공 이크라구나! 하는 생각이 들었다. 손님이 제법 까다로운 도쿄의 한복판에서조차 이러니 정말 기가 막히고 코가 막혔다. 아무리 그래도 손님을 바보로 아는 거야, 뭐야!

연어알젓은 이크라보다 어린 난소로, 아직 얇은 난소막에 싸여 있는데 이것도 맛있는 것과 맛없는 것의 차이가 분명하다. 맛없는 연어알젓의 공통점은 우선 맛이 진하지 않다. 특히 고소한 맛이라고 해야 할지, 지방의 맛이 별로 나지 않을 뿐만 아니라 하나같이 진흙 냄새가 난다는 점. 갓 지은 밥 위에 얹어서 먹어보면 맛있는 것과 맛없는 것을 바로 구별할 수 있다.

맛있는 것은 밥의 감미로움과 연어알젓의 진하고 감칠맛 나는 고소함이 어우러져 아주 깊고 말로 표현할 수 없는 맛을 느끼게 해준다. 하지만 맛없는 연어알젓은 단지 밥의 감미로움만이 먼저 느껴지고 그 뒤를 이어 연어알젓의 짠맛이 전해져 서로 어우러지지 못한다.

한번은 기차역 구내의 도시락 판매점에 언어알젓 주먹밥이 있기에 먹어보았는데 가운데 부분에 연어알젓이 눈곱만큼 들어 있을 뿐, 연어알젓의 맛은 거의 나지 않고 그저 짠맛만 날 뿐이었다. 물론 냉동 연어알젓일 테지만, 본래의 맛이 없어져 버린 냉동식품을 과연 주먹밥 안에 넣을 필요가 있었을까. 또한 연어알젓 중에는 인공색소나 발색제를 사용해서 선명한 진홍색이나 붉은색을 띠는 것도 있는데, 그것을 반찬으로 삼아 밥에 얹어 먹으면 밥까지 빨개져버려 어딘가 꺼림칙한 느낌이 든다. 역시 천연의 색 그대로 먹는 것이 가장 자연스럽지, 인공색소를 써가면서까지 먹는 사람의 마음을 끌려고 하는 것은 아니다 싶다.

이크라와 연어알젓에 대해 얘기했지만 대구알이나 명란젓 가운데서도 맛없는 것들이 아주 많았다. 손님이 맛있었다, 혹은 맛없었다고 평가하는 것은 이와 같은 생선의 알뿐만 아니라 모든 음식에 공통되는 점일 테지만, 그것을 만드는 사람의 마음가짐의 문제라고 해도 좋을 것이다. 재료의 선택에서부터 제조 공정, 그리고 출하 기술에 이르기까지 모든 과정을 한 치의 빈틈도 없이 완벽하게 해서 시장에 내놓는다면 반드시 고객의 마음을 얻을 것이다.

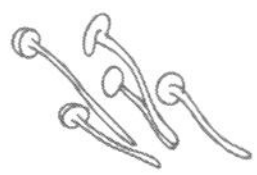

양식장어

내가 태어난 후쿠시마 현 아부쿠마 지역에는 강과 연못과 늪이 많아 예전에는 자연산 장어가 아주 많이 잡혔다. '히타시바리'라고 해서 튼튼한 실에 커다란 낚싯바늘을 묶고 지렁이를 미끼로 끼워 밤에 장어가 나올 만한 곳에 담가두면 이튿날 아침에는 보기 좋은 장어가 걸려 있곤 했다. 그것을 집에서 손질한 뒤 꼬챙이에 끼워 구워 먹었는데 말로 표현하지 못할 정도로 맛있었다. 요즘 흔히 볼 수 있는 양식 장어와는 달리 가슴은 노란빛이 감돌고 등은 까맣고 아주 날렵하게 생겼다. 지방도 적당히 있고, 움직임도 아주 민첩했다. 그것을 꼬챙이에 끼워 구워 먹으면 맛이 진하고, 구울 때의 향도 좋았다. 지금의 양식 장어는 기름기가 줄줄 흐르고 왠지 모르게 약 냄새 같은 것이 나는데 그런 것과는 비교가 되지 않을 정도로 맛이 진하고 고소한 향이 났다. 시내에는 장어요리 전문점도 있었는데 그곳에서 파는 장어도 전부 자연산으로 덤덤한 맛의 장어구이는 하나도 없었다.

그런데 요즘의 장어는 그렇지가 않다. 전부가 맛없는 것은 아니어서 내가 단골로 가는 장어집의 장어는 옛날 그대로의 맛은 아니지만, 그래도 정말 맛이 좋다. 누가 뭐래도 뱀장어를 좋아하기 때문에 지금까지 꽤나 여러 곳을 돌아다니며 먹어보고는 나름대로 점수를 매겼는데 요즘에는 단골 가게도 정해져 있어서 거기에 가면 대체로 기대에 어긋나지 않는다.

하지만 장어는 요리하기도 어렵고 사용하는 장어에 따라서 맛이 천차만별이고, 요리 방법이나 소스에 따라서도 상당한 차이가 나기 때문에 아주 맛없는 장어도 꽤나 많이 맛보게 된다. 지금도 거리에 나가면 어처구니없는 장어구이를 내놓는 가게가 곳곳에 있는 듯하니 정신 바짝 차려야 한다.

가게를 평가할 때는 우선 그 가게에 들어가 양념을 바르지 않고 구운 것을 주문한 뒤 그것을 고추냉이 간장에 찍어 먹어보면 좋고 나쁨을 바로 알 수 있다. 손님에게 음식을 낼 때 약간 좋지 않은 장어를 써도 양념을 발라 구우면 양념 맛이나 구운 냄새 등으로 어느 정도 맛을 낼 수 있지만, 그냥 구우면 감출 수가 없다. 양념을 바르지 않고 굽는 것만큼 어려운 일도 없어서 아주 좋은 장어가 아니면 바로 그 특징이 드러나 단번에 정체를 파악할 수 있게 된다.

한번은 도쿄의 상점가에 있는 한 장어집에 들어가서 평소와 다를 바 없이 양념을 바르지 않고 구운 장어를 주문했다. 그러자 10분도 지나지 않아서 나왔기에 어쩌면 이 가게는 나와 맞지 않는 장어집일지도 모르겠다고 직감했다. 예로부터 '장어집의 나무베개'라는 말이 있듯이, 손님이 주문을 하고 난 뒤에야 장어를 손질하고 시간을 들여 천천히 굽기 때문에 손님은 아예 베개를 베고 누워 쉬고 있으면 한참 뒤에야 장어가 나오는 법이다.

아니나 다를까, 그 장어구이는 말로 표현할 수 없을 정도로 맛이 이상했다. 우선 장어구이를 젓가락으로 떼어내 고추냉이 간장에 찍어 먹어보니 순간 비린내가 코를 찔렀다. 물고기 특유의 그 비린내였다. 그리고 계속해서 먹자니 이번에는 사람의 땀 냄새가 강하게 느껴졌다. 다시 말해서 시큼한 냄새다. 뭐야, 싶어 접시에 담긴 장어구이를 직접 코 앞으로 가져와 냄새를 맡아보니 장어에서 상당히 강한 땀 냄새가 났다. 그와 같은 냄새는 손질을 해서 꼬치에 꽂은 뒤 한동안 방치했거나 오래 냉동한 장어에게서 공통으로 볼 수 있는 현상이다. 틀림없이 중국이나 대만, 동남아시아의 양식장에서 손질한 뒤 냉동해서 가져온 장어일 것이다. 그와 같은 장어를 양념도 바르지 않고 구워 당당하게 손님에게 내미는 가게 주인의 배짱에 놀랄 뿐이다.

지금 곳곳의 슈퍼마켓 등에서는 '통구이'라고 해서 장어 한 마리를 통째로 구워 포장한 것이 싼 가격에 팔리고 있다. 얼마 전에도 통구이 3마리, 그것도 아주 크고 두툼한 놈들이 하나로 포장되어 단돈 1250엔이라는 가격에 파는 것을 보고, 이건 후학들을 위해서 반드시 먹어봐야 한다고 생각하고 하나를 사서 먹어보았다. 아무리 가격파괴의 시대라고는 하지만 이렇게 크고 두툼한 것 3마리가 1250엔이라니!

천천히 맛을 보았다. 하지만… 역시… 맛이 형편없었다. 우선 껍질이 말할 수 없이 두껍고 딱딱해서 살부터 먹어 나가면 껍질과 살이 떨어지지 않았다. 하는 수 없이 작은 가위를 가져와 껍질을 잘게 잘라 한 조각을 입에 넣고 씹어보았다. 마치 고무 조각을 씹는 것처럼 질겨서 깜짝 놀랐다. 또 한 가지 놀란 것은 지방분이 아주 많았다는 점인데, 살을 입에 넣고 씹고 있자니 지방이 질척질척, 미끈미끈 흘러나와서 입 안에 넘쳐날 정도였다. 그 장어가 두툼했던 것은 지방층 때문이었던 것이다.

그리고 이상한 냄새가 쉴 새 없이 코를 괴롭혔다. 비린내보다는 오히려 진흙 냄새가 더 강했으며, 그보다 더 식욕을 떨어뜨린 것은 페놀(석탄산)과 장뇌 등과 같은 소독약 냄새였다. 요즘에는 그런 냄새가 나는 장어가 왜 많은지 참으로 궁금하다. 먹이 속에 첨가되어 있는 성장촉진제나 항생물질 등이 원인이라는 설도 있다.

가격으로 봐서 그 장어는 당연히 양식이며 속성으로 기른 것이리라. 부화한 지 40일 만에 닭이 되는 브로일러의 단기육성과 비슷해서, 어찌 됐든 양식장의 회전을 빠르게 하여 출하하면 그만큼 기업의 매출이 오르게 된다. 그를 위해서 장어에게 인공 사료를 잔뜩 먹여 빨리 자라게 한 것이리라. 게다가 병에라도 걸리면 본전도 못 뽑기 때문에 대량의 항생물질을 먹이에 섞는 경우가 적지 않다고 한다. 이렇게 해서 장어가 커지면 무게도 늘어나기 때문에 일석이조가 되는 셈. 장어는 먹이를 잔뜩 먹고 몸 안에 지방을 쌓아가며, 탄탄하지 못하고 물렁물렁하게 살이 찌기 때문에 순식간에 장작처럼 되어버린다. 이렇게 길러진 장어는 브로일러가 싼 것처럼 저렴하게 생산되기 때문에 3마리에 1250엔이라는 마법과도 같은 가격이 되는 것이다.

하지만 사람이 음식을 먹는 행위는 배가 고프니 그 욕구를 채우기만 하면 된다는 의미만은 아니잖은가. 먹는다는 행위의 배경에는 미각을 통해 맛있는 것을 맛본다는 만족감도 있는 것이니 맛없는 것을 잔뜩 먹어 배를 채우기보다는 맛있는 것을 조금 먹더라도 그 기쁨을 맛보는 쪽이 훨씬 더 인간적이다. 나는 3마리에 1250엔 하는 맛없는 장어를 사기보다는 1마리에 1250엔이어도 좋으니 맛있는 장어를 맛보는 것을 선택하겠다.

기차역의 도시락 판매점이나 열차 내에서 살 수 있는 장어 도시락에도 여러 종류가 있어서 맛있는 것도 있었지만 맛없는 것도 여럿 먹어보았다. 도시락 속 맛없는 장어의 공통점은 우선 장어의 껍질이 매우 딱딱하다는 점, 앞에서 말했던 약 냄새가 난다는 점(대부분의 경우 장뇌와 같은 냄새가 난다), 장어구이에 구운 흔적이 없고(대량으로 생산해야 하니 찌는 것일지도 모르겠다) 풍미가 없다는 점, 어쨌든 장어의 비린내가 심하다는 점, 밥이 진 것도 있고 퍼석퍼석한 것도 있다는 점 등등이다. 개중에는 성형수술을 한 것이 아닐까 여겨질 정도로 작은 장어 2개가 밥 위에 예의 바르게 누워 있는 것도 있어서 한눈에도 어딘가 부자연스럽게 느껴져 먹기 전부터 의심이 가는 것도 있었다.

땅콩인가?
볶은 콩인가?

맥주의 안주로는 마른안주가 잘 어울린다, 짭짤한 것이 좋다는 등의 이유로 땅콩이 안주로 나오는 경우가 많다. 사실 땅콩에도 여러 종류가 있어서 맛있는 것과 맛없는 것에는 상당한 차이가 있다. 따라서 같은 땅콩이라 할지라도 비싼 것과 싼 것 사이에는 커다란 격차가 있고 땅콩만큼 가격이 상품의 질을 좌우하는 것도 흔치 않다. 지금까지 먹어본 땅콩 중에서 특히 맛없었던 예를 소개해 본다.

원래 땅콩은 알이 약간 크고 흰빛을 띠고 광택이 있어서 반짝이는 것일수록 맛이 좋다. 어느 날 땅콩을 오독오독 씹고 싫어 슈퍼마켓에 가서 1봉에 90엔 하는 싼 것을 사가지고 왔다. 알은 약간 작았고 색은 흰색이 아니라 약간 갈색이 감돌았는데 광택이 전혀 없었을 뿐만 아니라 표면이 바싹 말라서 꺼칠꺼칠했다. 한 알 먹어보니 꽤나 맛이 좋았다. 땅콩 맛이 났으니 맛없을 리가 없지. 계속해서 2알, 3알 먹다보니 뭔가 이상했다. 내가 지금 땅콩을 먹고 있는 건가? 볶은 콩을 먹고 있는 건가? 땅콩 특유의 고소한 맛이 조금도 나지 않고 냄새 또한 땅콩 같지 않고 볶은 콩 같았다. 게다가 기름이 산화되어 오래된 냄새가 심하게 났다. 땅콩이란 1알을 먹으면 또 먹고 싶어져 끝없이 먹게 되는 법인데 그 땅콩은 전혀 그럴 생각이 없었다. 다시 말해서 땅콩 본연의 역할을 다하지 못하는 땅콩이었던 셈이다. 땅콩 자체에서도 감칠맛은 나지 않고 씹어도 그저 으드득으드득 부서지는 소리만 날 뿐이었다. 뭐, 싼 가격이니 어쩔 수 없는 일이라고 스스로를 위로해가며 허탈한 마음으로 맛없는 땅콩을 한 알도 남기지 않고 먹어치웠다.

땅콩이 이렇게 맛이 없어지는 것은, 수확에서 시장에 나오기까지 상당히 긴 시간이 지났기 때문인데, 공기에 의해 기름 성분이 산화작용을 일으켜 불쾌한 냄새가 나는 맛으로 변해 신선미가 떨어진 탓이다.

또 한 번은 입술이 붓는 것이 아닐까 걱정이 될 정도로 짠 땅콩을 먹어본 적도 있었다. 아무리 짭짤한 것이 맥주와 어울린다고는 하지만 이렇게 소금을 잔뜩 뿌린 것도 드물 거라고 생각했지만, 일단 먹기 시작하면 끝장을 보는 나. 맥주의 맛까지 짜다고 느끼면서도 마지막 한 알까지 전부 먹어치웠다.

이런 일도 있었다. 얇은 속껍질이 붙어 있는 땅콩을 먹을 때의 일인데, 속껍질을 벗긴 뒤 한 알 입에 넣고 씹었는데 땅콩에서 오도독! 뽀도독! 하는 상쾌한 파열음이 나지 않고 물컹물컹 둔탁한 소리가 났다. 속껍질이 붙어 있는 땅콩 한 알을 엄지와 검지로 눌러보니 바삭, 하고 껍질이 벗겨지는 것이 아니라 스륵 하고 껍질이 옆으로 이동했다. 다시 말해 상당히 습기를 먹은 땅콩이었던 것이다. 껍질을 벗기기도 어려웠을 뿐만 아니라 물컹물컹한 감촉이 참으로 기괴해서 맛없는 땅콩이었다. 콩을 볶을 때 열이 충분히 전달되지 않았거나, 혹은 유통 과정이나 시장에 나온 뒤 습기를 먹은 땅콩으로, 말하자면 제품관리에 소홀했던 것이리라.

그와는 반대로 볶을 때 지나치게 열을 가했는지 낫토에 가까운 진한 색을 띤 싸구려 땅콩을 만난 적도 있었다. 그것도 맛이 없었다. 그야말로 콩을 바싹 볶은 것과 맛과 향 모두 다를 바가 없어서 눈을 감고 먹으면 100명 중 100명이 볶은 콩이라고 대답하지 않을까 생각했을 정도였다. 입에 넣고 씹으면 파삭파삭해서 고소한 맛이 일품인 땅콩이라고는 생각되지 않았으며, 땅콩 냄새는커녕 탄 콩 냄새밖에 전해지지 않았다. 맛도 참으로 단순해서 그것은 역시 볶은 콩에 한없이 가까운 땅콩이었다. 개중에는 너무 심하게 타서 낫토의 색을 넘어 새카만 것이 몇 알 섞여 있었다. 이건 어떤 맛일까 싶어, 맛에 대한 기대보다는 맛없음에 대한 두려움으로 그 새카만 땅콩만을 몇 알 집어 입에 넣고 씹어보았는데 세상에나, 세상에나, 쓰디쓴 맛이 났다. 이만저만 탄 게 아닌 모양이었다. 탄 밥이나 빵, 생과자, 커피 원두 등이 쓴 것은 지나친 가열로 인해 단백질의 일부가 분해되어 쓴맛이 있는 펩티드나 카보닐 화합물로 변하기 때문이다. 어쨌든 아무리 싸게 판다고는 하지만 그런 땅콩을 판다는 건 양심 불량 아닌가.

버터피넛이라는 것도 있는데 여기에도 당한 경험이 있다. 땅콩에 발린 싸구려 버터인지, 마가린인지, 혹은 그냥 지방인지, 기름인지. 땅콩이 든 봉투를 연 순간 그 정체불명의 '기름'이 산화한 냄새가 강하게 코를 엄습해왔다. 이 냄새 왠지 익숙하다? 그건 부엌 구석에 둔 오래된 기름통에 바퀴벌레가 드나들 때 확 풍겨오는 그 이상한 냄새와 비슷했다. 그 이상한 냄새를 코로 맡은 순간 욱!! 하는 느낌이 들어 식탐이 강한 나조차도 먹기를 포기하고 말았다.

기름이 오랫동안 공기나 열에 닿으면 산화되어 이른바 '기름에 전 음식', 혹은 '산패된 기름'이 되어 불쾌한 냄새가 날 뿐만 아니라 유독 성분이 축적된다. 그때 식탐을 참지 못하고 산화된 땅콩 한 봉지를 전부 먹어치웠다면 다음날 틀림없이 설사나 구토가 멈추지 않았을 테니 생각만 해도 소름이 돋는다.

맛없는 콩 하면, 싸구려 술집에 들어가 주문해 먹는 에다마메• 중에 맛있는 것을 먹어본 기억이 없다. 냉동이라는 건 알고 있지만, 나온 콩은 간신히 얼음만 녹았을 뿐이어서 녹을 때 나온 물이 콩깍지 전체를 흥건하게 적시고 있다. 깍지 하나를 손가락에 쥐고 벌어진 틈을 입 앞으로 가져와 톡 누르면, 맛있는 것은 휙! 하는 느낌으로 기세 좋게 입 안으로 날아 들어간다. 하지만 젖은 것은 그렇지 못하고 삐죽 나와서 입 안에 들어가기도 전에 바닥으로 떨어져버리곤 한다. 운 좋게 입 안에 들어왔다 해도 콩알을 감싸고 있던 얇은 막이 훌러덩 벗겨져 그 껍질과 콩이 같이 입에 들어오는 경우가 있다. 콩뿐이라면 그나마 참을 수 있겠는데 그 얇은 막은 꽤 질겨서 이빨로 씹어도 입 안에 기분 나쁜 감촉만 남길 뿐이다. 그리고 맛있는 삶은 콩이 가진 톡톡 터지는 듯한 감촉은 없고 씹으면 물컹, 미끄덩, 해서 삶은 콩다운 면이 없다. 그런 삶은 콩을 파는 가게에 분개하는 것도 잠시뿐, 맛없을 줄 알면서도 주문한 나 자신을 한탄하게 된다.

에다마메(枝豆)
풋콩을 콩깍지째로 삶은 것

요즘 아몬드, 캐슈너트, 피스타치오, 잣 등도 맥주 안주로 자주 먹게 되는데 이들 견과류에도 기름 성분을 많이 포함하고 있어 산화로 인해 현저하게 품질이 저하되는 것도 있다. 기름의 산화로 인해 생긴 불쾌한 냄새 때문에 맛없어진 것이 아주 많다. 그래도 밀봉한 깡통에 든 것은 공기가 차단되었으니 괜찮겠지 싶어 한 번은 깡통에 든 마카다미아와 캐슈너트를 사가지고 와서 뚜껑을 뽕 하고 연 순간, 산패한 기름에서 풍기는 그 불쾌한 냄새가 가장 먼저 코를 찔러 도저히 먹을 수가 없었다. 깡통에 든 견과류 중에도 그처럼 심한 것이 있다는 사실을 알게 되자 이후부터는 제조일을 세심하게 살펴가며 구입하고 있다.

안주타령

땅콩, 가키노타네•, 새우생과자, 대구포 치즈, 오징어포, 캐슈너트, 훈제오징어 등은 가벼운 맥주 안주로 인기를 얻고 있다. 맥주 자체가 시원하고 부담이 없는 술이어서 이와 같은 마른 안주가 잘 어울리는 것일 테고, 또 맥주의 상쾌함을 해치지 않기 때문에 궁합이 맞는 것이리라.

가키노타네(柿の種) 찹쌀로 만든 과자

땅콩을 대표로 하는 견과류가 이상하게 산화하면 냄새가 나서 아주 맛없어진다는 점은 앞에서도 말했지만, 의외로 맛없는 땅콩이 아주 많다. 그런 땅콩을 먹으면 순간 맥주 맛까지 없어지기 때문에 여러 가지로 좋지 않다. 산화된 냄새가 아닌 이상한 냄새가 나는 땅콩도 종종 먹게 되는데 그 냄새를 어렸을 때 어딘가에서 맡은 적이 있다.

대체 무슨 냄새였을까 생각해보니, 고양이가 소변을 본 숯을 사용했을 때 방 안에 기묘한 냄새가 퍼지는데 바로 그 냄새가 떠올랐다. 백포도주에서도 종종 그와 비슷한 냄새가 나는 경우가 있는데 그런 냄새를 '폭시(Foxy)'라고 한다. 이는 포도 품종 중에서도 콩코드 종이나 밀스 종에 포함되어 있는 특수한 냄새인데 마치 여우 소변의 냄새와 비슷하기 때문에 이런 이름이 붙었다. 땅콩류에서도 가끔 이런 종류의 냄새가 나는 것은 참으로 신기한 일이다.

포테이토칩도 맥주와 잘 어울리는데 그 중 하나를 집어 손가락 사이에 끼우고 꾹 누르면 질퍽하게 기름이 묻어나는 것이 많다. 기름에 튀긴 것이니 기름이 남는 것은 당연한 일일 테지만, 그것이 맛없다는 느낌을 불러일으켜 영 마음이 내키지 않는다. 대체로 맥주는 95% 이상이 수분인데 예로부터 물과 기름은 궁합이 맞지 않는다고 하니 그런 생각 때문에 더 맛없게 느껴지는 것일지도 모르겠다.

또 한 번은 쌀과자인 '가키노타네'를 사와서 별 생각 없이 입 안에 던져 넣었다가 그 격렬하게 매운 맛에 깜짝 놀란 적도 있었다. 당황해서 봉투에 써 있는 글을 보니 아니나 다를까 '아주 매운 맛'이라고 적혀 있었다. 그리고 그 과자를 다시 한 번

살펴보니 놀랍게도 과자 전체에 고춧가루가 빈틈없이 붙어 있어서 붉은빛이 감돌고 있었다. 입 안이 얼얼하고 매운맛에 혀가 마비되어 상쾌한 맥주 맛도 즐길 수 없겠다 생각했기에 안타깝지만 그 매운 과자 먹기를 중단했다. 하지만 버리지는 않고 다음 날 대학 연구실로 가지고 가서 매운 음식을 좋아하기로 유명한 학생에게 주었더니 아주 기뻐하며 받아먹었다.

안주 중에서 가장 맛이 없었던 경험은, 미니 살라미 소시지라는 것을 먹었을 때였다. 길이 3센티미터 정도의 가느다란 흑갈색 살라미 소시지가 하나하나 셀로판지에 싸여 있는 것이다. 어느 날 근처 편의점에서 사다 먹어보았는데, 하나를 입에 넣고 씹는 순간 이빨 사이에서 줄줄 흘러나오는 미끈미끈한 것이 있었다. 이건 또 뭐지 싶어 그 씹던 것을 손바닥 위에 뱉어 가만히 살펴보니 그 미끈미끈한 것은 회백색 지방 덩어리였다. 이거 대단하다, 이상할 정도로 기름이 많다 싶어 다른 하나를 집어 들고 셀로판지를 벗겨 그 안에 있던 살라미 소시지 양 옆의 절단면을 들여다보니 전체의 80% 정도가 회백색의 말랑말랑한 기름덩어리였다. 이러니 한 번 씹었을 뿐인데도 입 안으로 미끈미끈한 지방이 흘러나왔던 것.

나는 그런 종류의 기름을 아주 싫어해서 마블링이 많은 소고기조차 그다지 좋아하지 않을 정도이니 정말 난처했다. 하지만 기껏 사온 미니 살라미 소시지이니 그대로 버리기에는 아까웠다. 그래서 한 가지 묘책을 떠올렸다. 모든 미니 살라미 소시지에서 셀로판지를 벗겨내고 그것을 도마 위로 가져가 하나하나씩 숟가락 뒷면으로 힘껏 눌러, 그 압력으로 미니 살라미 소시지의 지방분을 빼내기로 했다. 그렇게 해보니 소시지 1개에서 나온 지방은 놀라울 정도의 양이었다. 한편 숟가락에 짓눌려 지방을 빼앗긴 미니 살라미 소시지는 완전히 가늘어져 힘없이 후줄근해지고 말았다.

소시지 전부에서 지방을 빼낸 뒤 그 미니 살라미 소시지를 안주로 해서 다시 맥주를 마시기로 했다. 이제는 지방이 방해하지도 않을 거고 맥주도 시원했기에 다시 미니 살라미 소시지를 하나 입 안에 넣고 우물우물 씹기 시작했다. 이번에는 지방이 미끈미끈 흘러나오지는 않았다.

그, 그런데 이상하다? 여전히 맛이 없다. 지방을 빼앗긴 미니 살라미 소시지가 이번에는 퍼석퍼석한 상태가 되어 그 식감이 아주 좋지 않았다. 게다가 내가 싫어하는 그 불길한 냄새가 코를 엄습해왔다. 바로 음습한 소고기 누린내가 스멀스멀 솟아오르기 시작한 것.

진짜 살라미 소시지는 소와 돼지의 넓적다리 살에 잘게 다진 돼지기름을 더하고 소금과 향신료를 듬뿍 넣은 뒤, 거기에 럼주를 넣어 건조시킨 것이다. 물론 일본에서 살라미 소시지를 그렇게 본격적으로 만들면 적자를 보게 되겠지만 아무리 그렇다 해도 정말 맛없는 미니 살라미 소시지였다. 두 손, 두 발 다 들었다!!

라이스카레 혹은 카레라이스

라이스카레가 맞다, 아니다, 카레라이스가 정답이다, 라는 평화로운 논쟁에는 나도 모르게 가담하고 싶어진다. 그처럼 친근한 음식이 라이스 앤 카레다. 나쓰메 소세키도 매우 좋아했던 듯, 소설 「산시로」에 고급 요리로 라이스카레가 등장한다. 일본에는 메이지 초기에 들어온 이후 급격하게 인기를 얻었으며 다이쇼 시대(1912~1926)에는 이미 대중요리점의 단골 메뉴로 보급되었다. 그리고 지금은 일반 가정에서도 가장 빈번하게 만드는 요리 중 하나가 되었으며 어린이들에게 절대적인 지지를 얻고 있다.

카레는 식욕을 돋우고 소화를 돕고 발한작용을 좋게 하며 살균작용도 가지고 있는 등 여러 가지 효능이 있어서 인도와 동남아시아처럼 덥고 습기가 많은 지방에 잘 어울리는 음식이다. 카레라는 이름은, 인도 남부의 타밀어나 칸나다어의 '향신료가 들어간 소스'를 의미하는 '커리'에서 온 것이다. 거기에 사용되는 혼합 향신료에는 매운맛으로 후추, 칠리(멕시코산 고추), 머스터드(서양 겨자), 생강 등이 사용되며, 방향 재료로는 코리앤더(고수풀), 펜넬(회향), 클로브(정향나무 꽃봉오리를 말린 것), 시나몬, 너트메그, 올스파이스 등이, 그리고 노란색을 내는 착색료로는 사프란과 터머릭(강황)이 쓰인다. 이 외에도 카레의 향신료에는 향초, 여러 가지 식물의 나무껍질, 열매, 뿌리, 줄기, 잎, 수액 등이 100여 종이나 배합되어 있다고 하니 참으로 복잡한 요리인 셈이다.

남녀노소를 불문하고 라이스카레를 한없이 사랑하게 된 이유 중 하나는, 예로부터 일본에는 주식인 밥 위에 여러 가지 음식을 얹어 먹는 습관이 있었기 때문일 것이다. 예를 들어 도로로메시•, 날달걀을 얹은 밥, 낫토를 얹은 밥, 챠즈케, 그리고 여러 가지 덮밥 등이 있다. 이런 감각을 가지고 있었기에 카레도 거부감 없이 받아들일 수 있었던 것이리라. 두 번째 이유로는 일본인이 좋아할 만한 재료를 새로이 배합했다는 것인데 감자, 당근, 양파, 돼지고기 등 아주 친숙한 재료를 텀벙텀벙 넣

도로로메시
보리밥 등에 마를 갈아 요리한 것을 얹어 먹는 밥

후쿠진즈케(福神漬け)
무, 가지, 콩 등을 소금에 절였다 간장에 졸인 음식

어 '어머니의 손맛'을 낼 수 있게 했다는 점이다. 세 번째는, 반찬으로 후쿠진즈케•나 염교 절임 등과 같은 순수 일본 음식을 더해 이국적 정서가 강했던 카레의 풍미를 단번에 일본식으로 흡수한 점, 네 번째로, 향신료의 선택과 배합을 일본인에게 맞게 재구성했다는 점이다. 그리고 다섯 번째가 결정적이라 할 수 있는데 '카레 루(roux)'를 발명했다는 점이다. 각종 향신료를 배합한 카레 가루에 밀가루, 식용유, 각종 조미료 등을 더해 혼합한 뒤 일정한 틀에 담아 고체화한 것이다. 이 일본 특유의 즉석가공식품을 발명한 덕분에 먹고 싶을 때면 언제나 다른 재료와 함께 끓여 라이스카레를 먹을 수 있게 되었는데, 그러한 편리성이 일본인의 성격에 잘 맞는다고 할 수 있다.

한편 얼마 전 점심 무렵에 도쿄의 번화가 뒷골목을 걷고 있자니 라이스카레 전문점 앞에 사람들이 장사진을 치고 있었다. 그 집에서만 쓰는 특별한 재료 때문에 맛이 좋아 큰 인기를 얻고 있는 것이라기에, 그 특별한 재료가 뭘까 약간 알아보았더니 카레 루를 만들 때 놀랍게도 후쿠진즈케의 국물을 사용한다는 것이었다. 또 어떤 가게에서는 고소한 맛을 내기 위해 값비싼 키조개 관자까지 쓰고 있다는 말을 듣고는 모두들 열심히 연구하고 있구나 하며 감탄했다.

여행할 때 점심때가 되어, 시간은 없고 무언가를 먹어야 할 때면 나는 대체로 라이스카레를 먹는다. 그 이유는 주문을 하면 가장 빨리 나오기 때문에 편리하고, 일본 어디를 가서 먹어봐도 대체로 비슷한 맛이어서 크게 실패할 일이 없기 때문이다. 내가 좋아하는 것은 성둥성둥 썬 감자와 당근, 그리고 돼지고기가 들어간 이른바 포크카레인데 그 돼지고기에 말랑말랑한 비계가 붙어 있는 것이 좋다. 하지만 그런 감동적인 라이스카레를 만나기란 그리 쉬운 일이 아니어서, 한가로운 일요일 점심이면 내가 먹고 싶은 포크카레를 직접 만들어 즐기고 있다.

요즘에는 시내에 라이스카레 전문점이 여럿 생겼고, 시내뿐만 아니라 많은 사람들이 모이는 시설, 예를 들면 공항이나 역 구내에서도 흔히 볼 수 있다. 그런 가게에 들어가 주문을 하면 대체로 1~2분쯤 뒤에 라이스카레가 나오는데 그 속도는 지구상 모든 나라의 레스토랑 중에서도 가장 빠를 것이다. 그렇게 나온 라이스카레를 먹는 속도도 지구상의 모든 민족 중에서 일본인이 가장 빠를 것이다. 남성의 경우 라이스카레가 나오면 대체로 5분 이내에 먹어버린다. 빠른 사람이라면 아마도 3분쯤 걸릴 것이다.

세계에서 가장 빨리 밥을 먹는 민족이라 일컬어지는 일본인에게 있어서 기차역의 서서 먹는 소바와 챠즈케, 그리고 라이스카레는 가장 빨리 먹을 수 있는 3대 음식일 것이다. 마치 들이켜듯 빠른 속도로 뱃속에 넣어버리는 라이스카레이니 맛이나 풍미를 천천히 음미해가며 먹는 사람은 거의 없으리라. 따라서 어디서나 일정한 맛을 내기만 하면 손님도 밥 알갱이 하나 남기지 않고 먹어치운 뒤 바람처럼 순식간에 사라지기 때문에 회전률도 좋고 가게도 번창하게 된다.

프로 의식을 가지고 열심히 만드는 일부 카레전문점은 예외일지 모르겠으나 가볍게 먹을 수 있는 식당의 라이스카레가 어째서 전부 비슷한 맛인가 하는 데는 나름대로 이유가 있는데, 그것은 사용하는 루가 거의 같은 것이기 때문이다. 다시 말해서 대형 식품회사가 영업용으로 만든 루를 많은 식당에서 공통적으로 쓰기 때문인데 가게에서는 사들인 루를 냄비에 녹이고 거기에 재료를 넣어 끓이기만 하면 된다. 요즘에는 재료가 든 것까지 영업용으로 나올 정도이니 식당 운영이 아주 편리하게 됐다.

이처럼 라이스카레는 전국 어느 가게에 가도 비슷한 맛을 볼 수 있는 곳이 많은 최대공약수적 메뉴인데, 뒤집어 말하면 손님에게는 실패 확률이 매우 낮아 마음 편히 먹을 수 있는 음식이 되는 셈이다. 그런데도 몇 번인가 정말 맛없는 라이스카레를 만나서 놀라움과 허무함을 느낀 적이 있었다.

너무나도 맛이 없어서 지금까지도 머릿속에 선명하게 각인되어 있는 것은 도호쿠의 한 시에서 운영하고 있는 자연휴식촌이라는 시설의 '레스트하우스'라는 식당의 라이스카레다.

일반적으로는 머릿속에 선명하게 남는 경우는 말로 표현할 수 없을 만큼 맛있어서 언제까지고 잊지 못하고 남아 있는 것인데, 너무나도 맛없어서 그 정경이 머릿속에 선명하게 남아 있는 것은 참으로 드문 경우이다. 그 '레스트하우스'에서 먹은 라이스카레의 경우, 맛없게 느낄 만한 요건이 몇 가지나 겹쳐 있었기에 그처럼 깊은 인상을 남긴 것이다. 나온 카레를 한입 먹은 순간 무엇보다 먼저 짠맛에 깜짝 놀랐다. 두 숟가락째 떠 넣자 지독히도 매운맛 때문에 입 안에 불이라도 난 것 같았다. 그래서 물을 마셨더니 혓바닥이 더욱 아려오기 시작했다. 물을 마시면 매운맛이 더욱 강해지는 것은 물에 녹기 쉬운 매운맛 성분이 단번에 나오기 때문이다. 그 짜고 지독할 정도로 매운 가운데서도 화학조미료를 아낌없이 넣은 듯한 맛이 났기에 더는 할 말이 없어지고 말았다. 색도 거무튀튀해서 먹고 싶은 마음이 싹 달아나버렸다. 그리고 입 안의 카레는 어딘가 입에서 따로 노는 듯한 이상한 감각, 즉 붕 떠 있는 듯한 금속성이 강한 것 같은 느낌이었다.

그런 식감은 루를 몇 번이고 끓였다가는 식히고, 다시 끓였다가는 식히기를 반복했을 때 느껴지는 것이다. 손님이 오면 데우고 손님이 나간 뒤에는 그대로 방치, 다시 주문이 오면 데우고 손님이 떠나면 다시 식고, 그날 남은 것은 냉장고 속에 넣었다가 다음 날 다시 데웠다가는 식히고 식혔다가는 데우고….

이런 일을 되풀이하면 루도 제 맛을 잃고, 반복되는 가열과 공기와의 접촉으로 인해 점점 산화되어 그처럼 입 안에서 따로 노는 듯한 맛과 금속성 맛이 나게 되는 것이다. 그런 사실은 거뭇하게 변해버린 색을 보면 바로 알 수 있다. 몇 번이고 데우기를 반복하면 아미노 카르보닐 반응이라고 해서 루 안에 들어있던 당분이 고기와 채소에서 나온 아미노산과 반응하여 멜라노이딘(멜라닌) 색소(흑갈색)가 생성되기 때문에 점점 검은색으로 변해가는 것이다.

그때의 라이스카레에는 그 외에도 여러 가지 맛없는 요건이 더해져 있었다. 비프카레를 주문했는데 고기가 보이지 않았다. 아무리 눈을 씻고 찾아봐도 고깃덩어리는 눈에 들어오지 않았다. 일반적으로 카레 전문점의 고기는 흐물흐물 풀어질 때까지 삶아서 모습을 남기지 않고 그 풀어진 고기에서 나온 맛있는 엑기스를 맛볼 수 있으나, 아무리 봐도 그 '레스트하우스'의 카레는 그렇게 정성스럽게 만든 것이 아닌 듯했기에 고기는 대체 어디로 사라진 것일까 이상해서 견딜 수가 없었다.

몇 번이고 데워서 고기가 녹아버린 것일까 생각하며 우물우물 씹고 있자니 이빨에 무엇인가 조그만 건더기가 걸린 듯한 느낌이 들었다. 뭘까 싶어 손바닥 위에 뱉어놓고 보니 진한 갈색을 띤 작은 고깃덩어리였다. 자세히 살펴보니 엉킨 실타래처럼 되어 있어서 다진 고기를 썼다는 사실을 알 수 있었다. 물론 양파, 당근, 감자들도 행방불명 상태로 정말 쓸쓸한 정경이었다.

밥도 굉장했다. 물을 너무 많이 넣어 밥이 질척질척했다. 손님을 상대로 하는 장사치고는 너무 대충하는구나 싶었다. 거기에 맛없다는 느낌을 더욱 자극하려는 듯 숟가락은 더럽고 물을 담은 컵도 희뿌옇게 흐려 있고 접시도 이가 빠졌으며 테이블은 지저분했다. 어쨌든 맛없다는 느낌을 자아내기 위해 최선을 다해서 연출한 듯한 '레스트하우스'의 라이스카레였다. 그래서 먹지 않았다고? 산전수전 다 겪은 먹보로 유명한 나, 명예에 흠집이 나서는 안 된다는 생각에 눈물을 흘리며 한 그릇에 800엔이라는 부당한 가격의 그 라이스카레를 전부 먹어 치우고 말았다.

라이스카레에 관해서는 참으로 재미있는 경험도 했다. 10여 년 전의 일로, 우리 대학 연구실에 4학년생 Y군이 있었는데 그는 매운맛에 아주 강했다. 한번은 신이 나서 매운 맛으로 유명한 '다카노쓰메(鷹の爪)'이니 '도라노오(虎の尾)'니 하는, 듣기만 해도 매운맛이 느껴질 것 같은 새빨간 고추를 씹으며 소주를 마시는 재주를 피워보였다. 지금은 Y군처럼 호쾌하고 야성미가 넘쳐 마치 사무라이와 같은 학생이 별로 없다. 그 Y군이 한번은 신주쿠에 격렬할 정도로 매운 라이스카레를 파는 식당이 있는데 그 집에 가서 매운맛 50배의 카레에 도전할 생각이라고 했다.

자세히 얘기를 들어보니 그 카레 전문점은 손님의 취향에 따라 카레의 매운맛을 조절해주는데 2배 카레, 3배 카레, 5배, 10배, 20배와 같은 식으로 만들어준다고 한다. 10배 카레는 맵다기보다 오히려 입 안이 아프다고 하는 편이 좋을 정도의 매운맛이라고 하는데 자신은 매운맛에 아주 강하니 단번에 가장 매운맛인 50배에 도전하겠다고 호언장담을 했다.

이거 재미있는 구경이 될지도 모르겠다 싶어 그날 저녁, 그의 몇몇 친구들과 함께 그 라이스카레집에 가보았다. 그가 "50배짜리 주세요"라고 말하자 가게 안에 가득찬 손님과 종업원 모두 순간 동작을 멈추고 우리를 바라보았다. 종업원이 바로 "괜찮으시겠습니까? 드시기 힘드실 텐데요"라고 말했다. Y군은 자신 있게 "괜찮아요"라고 한마디.

그런데 가게에 붙은 종이를 보니 그 50배를 전부 먹은 사람은 무료라고 적혀 있었다. 아하, Y군이 50배에 집착하는 이유가 저기에 있었구나. 50배를 먹어치우지 못하면 돈을 내야 하기 때문에 그도 필사적인 듯했다. 이렇게 해서 Y군 앞에 50배 카레가 놓이게 되었다. 밥 위에 얹힌 카레는 붉은빛이 감도는 진한 갈색으로 한눈에 보기에도 매워 보였다. 손님과 종업원의 시선이 서서히 Y군에게로 집중된 것은 당연한 일. 나 역시 가슴을 콩닥이며 그의 도전을 지켜보았다.

Y군은 마침내 눈앞의 라이스카레에 숟가락을 넣어 밥과 카레를 가볍게 비빈 뒤 그 숟가락으로 듬뿍 퍼서 첫 번째 숟가락을 입에 넣었다. 그리고 우물우물 씹기 시작한 지 7, 8초 정도 지났을까, 그가 갑자기 얼굴을 찡그리며 그 매운맛에 반응하기 시작했다. 그리고 더는 씹지 않고 서둘러 입 안의 것을 삼키기 시작했다. 매운맛에 강한 Y군이 이 정도이니 상당히 매운 것이리라, 짐작하며 이거 재미있게 됐는걸, 하며 갤러리인 내가 더욱 흥분하기 시작했다.

승부욕이 강한 그는 잠시의 틈도 두지 않고 다시 숟가락 가득 떠서 입에 넣으려 했다. 그런데 그 직후 상황이 아주 좋지 않은 쪽으로 흘렀다. 코앞으로 숟가락을 가져간 순간 Y군이 굉장한 기세로 재채기를 했다. 입 안에 있던 밥알과 카레의 작은 조각들이 사방으로 흩어져 날아갔고 눈앞에서 구경하고 있던 내 옷에도 그 파편들이 날아들었다. 그를 둘러싼 채 지켜보고 있던 갤러리들이 일제히 뒤로 물러났다. 그래도 Y군은 포기하지 않고 두 번째 숟가락을 입에 넣었으나 이번에도 다시 재채기를 참지 못했다. 이번에는 상당한 양의 밥알과 카레가 비말이 되어 날아왔다. 나는 첫 번째 파편에 신변의 위험을 느꼈기에 그의 정면에서 옆으로 자리를 옮겨 난을 면했으나 테이블 위는 순식간에 전쟁터가 되었다. 다음 순간, Y군의 양쪽 콧구멍에서 콧물이 줄줄 흐르기 시작하더니 멈출 생각을 하지 않왔다. 그래도 Y군은 역시 사무라이였다. 그런 지저분한 얼굴로 세 번째 숟가락도 입 안에 넣은 것. 그리고 재채기로 뿜어져 나오기 전에 정신력으로 그것을 삼켰는데 그 얼굴을 보니 눈에는 눈물, 코에는 콧물, 입가에는 카레와 밥알이 붙은 처절한 형상이었다.

잠시 후 그는 포기한 듯 "항복!"하고 말하더니 조용히 숟가락을 놓아 50배 카레에 무릎을 꿇고 말았다. 그에게는 굴욕적일 정도로 맛없는 라이스카레였으리라. 그 라이스카레 값은 관람료 대신 내가 지불했는데 사무라이인 Y군은 깨끗하게 패배를 인정하고 시원시원한 얼굴로 가게에서 나왔다. 결과야 어찌됐든 50배 카레를 커다란 숟가락으로 2숟가락이나 먹었으니 정말 대단하다.

이튿날, Y군은 평소와 다름없이 씩씩한 모습으로 학교에 나왔다. 내가 "어때? 괜찮아?"라고 물었더니 그는 "어제는 감사했습니다. 전 괜찮습니다. 그건 그렇고 선생님, 50배 카레는 정말 굉장했어요. 오늘 아침에 화장실에 가서 큰일을 보다 깜짝 놀랐어요. 항문이 뜨거워지더라고요."

4장

/

요리하는 마음

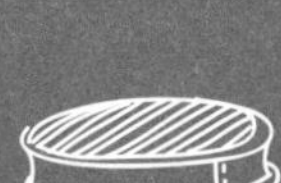

덮밥에 무슨 짓을 한 거야

돈가스 덮밥, 튀김 덮밥, 닭고기계란 덮밥, 장어 덮밥, 소고기 덮밥. 일본 사람들은 덮밥을 좋아한다. '○○ 덮밥'이라는 말만 들어도 군침이 멈추지 않는다. 언제나 손이 닿는 곳에 돈부리• 가 있고 거기에 밥을 담아 위에 재료를 얹는 것만으로도 훌륭한 음식이 된다. 밥과 그 위에 얹는 재료의 조화만으로도 덮밥 요리는 마성의 맛으로 변해버리니 참 신기한 일이다. 따뜻함과 함께 모락모락 피어오르는, 식욕을 돋우는 냄새가 사람들의 마음을 사로잡는 것이리라.

돈부리(丼)
두껑이 있는 덮밥용 그릇

덮밥 요리가 일본 민족 속에 자리 잡은 이유는 그처럼 식욕을 돋운다는 이유 외에도 돈부리의 크기와 감촉도 한몫을 했을 것이다. 예로부터 사용해온 돈부리보다 크면 너무 무겁고, 그렇다고 그것보다 작으면 담는 양에 불만이 남는다. 음식을 담은 돈부리의 무게가 손에 묵직하게 전해지는 느낌과 손바닥에 전해지는 따스한 감촉에서 이미 맛을 느끼는 것이다.

돈부리는 17세기에 이미 널리 보급되었던 그릇 중 하나로 에도시대인 덴메이 원년(1781)에 하타모토•인 후세 다네요시가 스자키의 요정 주인 마스야 소스케를 자신의 집에 초대했을 때 작성한 식단에 '남빛 무늬를 넣어 구운 자기로 만든 돈부리'라는 이름이 보인다. 돈부리가 탄생하자 그 그릇을 활용한 덮밥이 고안되었고, 그 첫 번째 음식이 장어 덮밥이었다.

하타모토
에도시대의 관직명

분카 시절(1804~1818)의 『속사백공기원(俗事百工起源)』이라는 문헌에 보면, 니혼바시의 오쿠보 이마스케라는 사람이 장어를 특히 좋아했는데 구운 장어가 식어 비린내가 나는 것은 싫어했기에 커다란 돈부리 안의 따뜻한 밥과 밥 사이에 갓 구운 장어를 넣고 뚜껑으로 덮어 보자기에 싸가지고 다니며 아직 따뜻할 때 먹은 것이 시작이라고 기록되어 있다.

덮밥의 발명은 안 그래도 식사 시간이 짧은 일본인을 세계에서 가장 밥을 빨리 먹는 민족으로 키워왔다. 돈부리에 담은 소바나 우동도 단숨에 먹어치우며, 차즈케(녹차에 말아먹는 밥)로 들이마시듯 밥을 먹고, 밥 위에 얹은 재료와 함께 순식간에 덮밥을 입 안에 쓸어 담는다.

이처럼 언뜻 보기에 너무 간단해서 그다지 정취가 느껴지지 않는 덮밥을 손님에게 대접하고 그것을 환영받는 음식으로까지 발전시킨 지혜와 발상이 재미있다. 튀김을 밥 위에 얹은 튀김 덮밥, 닭고기와 달걀을 얹은 오야코돈[●], 돈가스와 달걀을 얹은 돈가스 덮밥, 삶은 쇠고기를 얹은 쇠고기 덮밥, 간장에 절인 참치회를 얹은 참치 덮밥 등등.

오야코돈(親子丼) 어미와 자식 덮밥이라는 뜻으로 닭과 달걀을 얹은 데서 만들어낸 재미있는 이름이다.

이들 덮밥 하나만을 내놓아도 실례가 되기는커녕 오히려 기뻐한다. 그런데 만약 돈부리에 밥만 담고 소량의 튀김이나 달걀옷을 덮은 닭고기를 접시에 따로 담아 내놓으면 어딘가 허전한 느낌이 들어 실례가 되기도 하고 체면도 서지 않을 것이다. 하지만 돈부리 위에 그러한 재료들을 얹는 것만으로 모든 것이 해결된다.

이처럼 조상들은 돈부리라는 그릇 하나까지도 그것을 단순히 먹을 것을 담는 데 그치지 않고 매우 합리적으로 이용할 줄 아는 지혜를 가지고 있었다. 그리고 이 덮밥에는 아무도 손해를 보지 않으면서도 모두가 만족하고, 누구도 노력을 기울이지 않아도 되는 화려한 얼렁뚱땅의 발상이 멋들어지게 담겨 있다.

덮밥은 나도 아주 좋아해서 사흘이 멀다 하고 먹는다. 맛있는 것도 아주 많았다. 도쿄의 닌교초와 스에히로초에서 먹었던 닭고기달걀 덮밥, 신주쿠의 굴튀김 덮밥, 료고쿠의 장어 덮밥처럼 일반적인 것에서부터 하카타의 닭고기 덮밥, 구시로의 게 덮밥, 나하의 여주볶음 덮밥, 하치노헤의 정어리 덮밥, 이와키의 성게 덮밥, 신슈 이이다의 지요겐톤(가게 이름) 덮밥, 나고야의 닭고기 덮밥, 히로시마의 굴튀김 덮밥, 마쓰야마와 마쓰에의 도미 챠즈케, 오사카 난바의 가야쿠 덮밥, 고치 현의 드라이브인에서 먹은 가다랑어 덮밥, 이시노마키의 고래꼬리고기 덮밥, 기리유의 버섯 덮밥, 이즈의 다진 전갱이 덮밥 등 특색 있는 덮밥도 아주 많이 먹어봤다. 하나같이 맛이 좋았다. 감격했다.

하지만 덮밥이 언제나 맛있는 것은 아니다. 맛없는 것을 먹은 적도 자주 있었다.

중요한 밥이 질퍽질퍽한 것, 반대로 쌀 안쪽까지 충분히 익지 않아 부슬부슬 딱딱한 것 등 밥을 잘못 지어 맛없는 경우가 가장 많았다. 다음으로 재료가 놀랄 정도로 짜거나 지나치게 달아서 조리를 잘못한 경우가 두 번째로 많았고, 세 번째로 많았던 것은 사용한 간장에 원인이 있었던 것인지 재료의 색이 거무스름해서 식욕이 별로 솟지 않는 등 조미료에 문제가 있는 것이었다. 또한 밥 위에 얹는 재료의 국물이 너무 많아서 밥 아래 그릇 바닥까지 액체 상태로 고여 있는 것도 꽤 많았다.

그 외에도 맛없는 덮밥의 예를 들면 닭고기달걀 덮밥을

시켰는데 나온 덮밥을 입에 넣은 순간 닭고기에서 땀에 절어 물크러진 듯한 불쾌한 냄새가 나거나, 장어 덮밥의 장어 껍질이 두껍고 너무 딱딱해서 잘 씹히지 않고 그래서 힘껏 씹었더니 순간 비린내가 나서 할 말을 잃은 경우도 있었다. 돈가스 덮밥 위의 돈가스 고기가 퍽퍽하거나, 너무 얇아서 튀김옷 속에 판자처럼 눌려 찌부러져 있는 것을 먹은 적도 있었다. 반대로 두꺼운 지방이 꽉 차 있어서 그 지방의 독한 맛 때문에 도저히 먹을 수 없는 것도 있었다.

튀김 덮밥 중에도 맛없는 것이 여럿 있었다. 튀김을 튀기는 기름이 오래되고 산화가 진행돼서 역한 냄새가 코를 찌르는 것, 또 튀김옷 속의 새우가 대체 어디로 사라진 것일까 싶어 찾아보았더니 이쑤시개 정도의 비쩍 마른 새우가 안에 숨어 있었던 경우도 있었다.

또한 별 쓸데없는 짓도 다한다 싶을 정도로 맛없는 덮밥도 있었다.

예를 들어 주문한 닭고기달걀 덮밥 위에 날달걀이 하나 떡하니 놓여 있어서 끈적끈적함 때문에 방해가 될 뿐만 아니라 달걀의 비린내가 강하게 느껴져 도저히 먹을 수 없었던 적도 있었다. 다진 가다랑어 위에 다진 마늘을 하얀 눈처럼 뿌려 그 이상할 정도로 많은 마늘의 매운 맛 때문에 중요한 가다랑어의 맛이 어딘가로 달아나버려 대체 이 덮밥이 전달하고자

하는 맛이 무엇이었을까 의심이 든 것도 있었다. 장어 덮밥을 먹고 싶었는데 이번에도 역시 쓸데없는 짓을 해서 달걀옷을 뒤집어쓴 장어가 나와서 불평을 한 적도 있었다. 닭고기달걀 덮밥을 시켰는데 닭고기 대신 돼지고기를 사용한 것이 나와서 다른 사람의 덮밥이 아니냐며 쓴웃음을 지은 적도 있었다.

규슈의 한 도시에서 닭고기달걀 덮밥을 시켰을 때도 깜짝 놀랐다. 돈부리에는 하얀 밥만 담겨 있고 그 옆의 접시에 닭고기와 양파와 물에 푼 달걀옷을 입힌, 그러니까 밥 위에 얹어야 할 재료가 따로 놓여 있었다. 밥 위에 그 재료들을 직접 얹어 먹으라는 것이리라.

이래서는 덮밥의 의미가 없다. 가게의 주인 입장에서 보면 그 재료를 반찬으로 삼아 흰밥과 먹어도 된다는 배려일 테지만, 그건 아니라고 생각한다. 나는 틀림없이 닭고기달걀 덮밥을 주문한 것이지 밥과 재료를 따로 달라고 말한 기억은 없다. 손님이 '밥과 재료를 따로 달라'고 주문을 했을 때는 그렇게 줘야 할 테지만, 처음부터 그런 식으로 나오면 이미 먹음직스런 덮밥을 포기한 것이나 마찬가지다.

쇠고기 덮밥이나 갈비 덮밥을 주문한 뒤 첫 술을 뜬 순간 '욱!'하고 역겨움을 느낀 적도 있었다. 거세하지 않은 황소 특유의 강렬한 누린내가 코를 찔러서 도저히 먹을 수 없는 음식이었다. 그 외에도 튀김 덮밥에 사용한 새우가 오래되어 불쾌한 냄새가 나서 정말 맛없었던 적도 있었다. 이런 경우는 장어덮밥에서도 종종 겪는 일이다. 오래된 장어에서 나는 땀에 전 듯한 냄새에 시달리곤 한다. 덮밥은 밥 위에 재료를 얹기 때문에 입에 넣기 전에 냄새가 먼저 코에 닿는다. 따라서 덮밥에서 나는 냄새는 매우 중요하다.

한 번은 여행 중에 웃음을 터뜨릴 정도로 맛없는 덮밥을 만난 일이 있었다. 그것이 참으로 유쾌했다. 몇 년 전의 일이었는데 간토 북부지방의 한 조그만 도시에 갔을 때, 역 앞에 허름한 느낌의 작은 식당이 있었다. 입구의 처마 끝에는 낡은 발이 늘어져 있고, 유리로 된 여닫이문은 지나다니는 차에서 튀긴 진흙으로 얼룩져 있었다. 손님이 드나드는 곳치고는 어딘가 좀 수상했다. 하지만 이런 가게에는 뜻밖에도 맛있는 것이 있을지도 모른다는 제6감에 의지한 것이 불행의 시작이었다.

문을 열고 식당 안으로 들어서자 70세 정도로 보이는 주인이 코에 안경을 걸치고 혼자 신문을 보고 있었다. 그는 손님인 내 얼굴을 보더니 약간 당황한 듯한 모습이었다. 틀림없이 그날의 첫 번째 손님이나, 혹은 2~3일 만에 처음 찾아온 손님이거나, 그도 아니면 그 주에 처음으로 찾아온 손님을 보는 듯한 시선이었다.

내가 돈가스 덮밥을 달라고 하자 "돈가스 덮밥, 알겠습니다!"라고 말하고 안으로 들어가서 만들기 시작했는데 음식이

나온 것은 주문한 지 20분쯤 지난 뒤였다. 그런데 나온 돈가스 덮밥이 대단했다. 달걀옷 속에 있어야 할 돈가스가 보이지 않았다. 그 대신 부슬부슬하게 조그만 닭고기 덩어리와 달걀과 양파를 삶은 것이 밥 위에 놓여 있었다. 놀랍게도 그것은 닭고기달걀 덮밥이었다. 나는 틀림없이 '돈가스 덮밥'을 주문했고, 주인도 '돈가스 덮밥, 알겠습니다!'라고 말하고 만들기 시작했는데 어떻게 해서 바뀐 것인지, 돈가스 덮밥이 닭고기달걀 덮밥으로 변신해서 나온 것이다.

'아무렴 어때, 시간도 없으니 어쩔 수 없지'라고 생각하고 그 닭고기달걀 덮밥을 한입 먹어보고는 할 말을 잃었다. 밥과 달걀옷을 입힌 닭고기에서 참으로 기묘한 냄새가 났다. 보통의 닭고기달걀 덮밥은 달걀옷과 밥, 김 등에서 풍겨오는 식욕을 돋우는 냄새가 난다. 그런데 그런 냄새가 전혀 나지 않아 더욱 이상하다는 느낌이 들어 불안해지기까지 했다. 그 심상치 않은 닭고기달걀 덮밥을 코와 혀로 가만히 관찰해보고는, 마침내 깨달았다!

놀랍게도 그것은 소스를 뿌린 닭고기달걀 덮밥이었던 것이다. 돈가스 덮밥이 닭고기달걀 덮밥으로 바뀌더니, 간장이 소스로 바뀌고, 놀라운 변신이었다. 물론 맛도 없었다.

나는 눈을 질끈 감고 눈물을 삼키고 마음을 다잡고 고통을 참으며 있는 힘껏 위 안으로 그것을 집어넣었다. 그런 다음

컵 안의 미지근한 물을 한 모금 마시고 750엔의 밥값을 1000엔짜리 지폐로 지불했다. 이번에는 기뻤다. 거스름돈이 350엔이었다. 100엔이라도 건졌다!

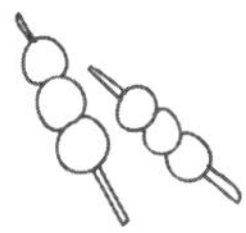

병원에서의 식사

몇 해 전 여름, 급성복막염에 걸려 병원에 입원한 적이 있었다. 대수술을 마친 뒤 약 1개월 동안 입원 생활을 했다. 당시 53년의 인생에서 처음으로 겪는 입원 생활이어서 하나에서부터 열까지 당황스러운 일들뿐이었다. 특히 체력에는 자신이 있던 나는 간헐적으로 찾아오는 격렬한 통증도 참으며, 이 바쁜 와중에 병원에 갈 수는 없지, 곧 괜찮아질 거야, 라고 만만히 보았던 멍청한 행동이 가져온 돌이킬 수 없는 결과에 깊이 반성하고 있었다.

무엇보다 가장 난처했던 것은 일을 할 수 없다는 점이었다. 마침 여름방학 중이어서 대학에서의 강의는 지장이 없었으나 워낙 갑작스러운 일이었기에 신문, 잡지의 연재 원고, 그리고 이미 일정이 잡혀 있던 강연이 문제였다. 원고는 수술 3일 후부터 침대에서 그럭저럭 쓸 수 있었지만 강연은 역시 무리여서 전부 취소를 하고 말았다. 예상치 못했던 발병이었기에 주최측에서도 양해해주셨고, 대신할 사람을 구하는 등 일을 잘 처리해주었다.

대학에서는 같은 연구실의 가쿠타 도시타카 교수와 대학원 박사과정에 있는 가네우치 마코도 군이 매일같이 찾아와 대학의 소식을 들려주었으며 내가 필요로 하는 자료를 찾아주는 등 힘을 써주셨다. 특히 가쿠타 교수는 입원한 날부터 퇴원하는 날까지 하루도 빠짐없이 연락과 도움을 주신 데에는 지금도 깊이 감사하고 있으며 평생의 은인 중 한 명이라 생각하고 있다.

수술 후 일주일쯤 지나서부터 링거에서 미음으로 바뀌었으며 점점 일반 병원식으로 단계를 올려 나갔다. 평소 매우 건강해서 건강 그 자체와도 같은 나였기에 예상대로 회복은 빨랐으며, 식욕도 왕성하게 솟아올랐다. 그런데 몸이 원래대로 돌아옴에 따라 병원에서 주는 세끼 식사의 맛없음에는 솔직히 할 말을 잃고 말았다. 예전부터 입원 경험이 있는 많은 사람들로부터 하나같이 '병원 식사는 맛이 없다'는 말을 듣기는 했지만, 내 자신이 실제로 경험해보고서야 그 말이 사실이었다는 것을 알 수 있었다. 최고급 병원 특실의 식사는 어떤지 나로서는 알 길이 없지만, 보통 병원의 일반 병동에서 환자에게 제공하는 식사는 대부분이 맛없는 것이리라. 병원 입장에서 보면 배를 가른 대수술 후의 환자를 생각해서 우선은 몸에 부담이 되지 않고, 칼로리와 영양의 균형을 꼼꼼하게 계산하여 마련한 식사를 내는 것이 당연한 일일 테니 내 말이 부당하게 느껴질 것이다. 그 점은 겸허히 받아들인다 할지라도, 솔직히 말해서 정말 맛이 없었다.

물리치료라며 병원 안 복도를 몇 번이고 왕복할 수 있게 되었을 때부터는 날이 갈수록 더 맛이 없다는 생각이 강하게 들었다. 병원의 치료설비는 완벽하게 갖춰져 있었으며 집도를 해주신 저명한 주치의 선생님은 나에게 생명의 은인이다. 입원에서부터 퇴원에 이르기까지 과분할 정도로 돌봐주셨기에 무엇 하나 불만은 없을 뿐만 아니라 그 병원의 훌륭함에 감명을 받았다. 하지만… 쩝.

나는 먹보에다 입맛도 까다로운 환자였기에 이런 이야기를 쓰는 데 대해 주치의 선생님과 병원에 먼저 사과 말씀 올리고 이야기를 해볼까 싶다. 다시 말해서 이번 이야기는 그 병원뿐만 아니라 일본의 병원 대부분의 현상을 말하고 있다는 사실을 알아주셨으면 한다.

병원 식사에서 가장 인상에 남은 것은 양배추쌈. 다진 고기를 양배추에 싸서 삶은 것인데 흐물흐물해서 입에 넣으면 씹을 필요도 없이 입 안에서 풀어져 식도로 넘어갔다. 환자를 위한 배려일 테니 불평할 수는 없다. 참자, 참아. 전반적으로 삶은 음식은 빼줬으면 좋겠다는 생각이 드는 것이 많았다. 만두도 마찬가지였고 햄버그스테이크와 중국식 소스를 뿌린 음식, 닭요리 등도 그냥 남겨서 미안한 마음이 들었다. 그라탕과 흰살 생선 튀김에도 손이 가지 않았다. 까다롭게 굴 입장은 아니었지만 그래도 맛이 없었다.

왜 그렇게 느꼈던 것일까. 우선 재료가 전부 부드러운 것이어서 씹는 맛이 없고, 전체적으로 간이 약해서 맛이 밍밍하고, 하나같이 냄새가 희미해서 후각에서 전해지는 식욕 자극이 전혀 없다. 된장국 하나를 먹어봐도 알 수 있는 사실인데 일본인이 좋아하는 맛국물의 맛이 너무나도 맹숭맹숭하고, 빵도 버석버석해지기 시작했고, 빵과 함께 나오는 채소 샐러드와 마요네즈로 버무린 마카로니 등도 식감과 맛 모두 허망함이 느껴질 정도로 밍밍한 것이었다. 물론 밥도 명품 쌀은 아닌 듯 식욕을 그다지 자극하지 못했다. (거듭 말하지만 모두가 환자를 위한 것임은 잘 알고 있다.)

그리고 왜 맛없는지에 대한 또 하나의 중대한 이유도 떠올랐다. 그것은 요리를 담는 그릇 때문이다. 수지로 만든 하얀 쟁반 위에 음식을 담은 식기가 놓여 있는데 접시며 대접이며, 작은 주발과 사발, 그리고 밥공기까지 모두 수지로 만든 제품이다. 안전성이 확인된 그릇이기에 문제는 없을 테지만, 수지 그릇에 담아 먹는 식사는 아무래도 식욕을 떨어뜨리는 효과가 있다.

예를 들어 밥과 된장국을 담은 수지 그릇을 손에 쥘 때, 도자기로 만든 밥그릇이나 칠기로 된 국그릇과는 감각에 차이가 있어서 거기서는 따스함이 전혀 느껴지지 않는다. 식욕을 느끼는 것은 육미(六味: 단맛, 매운맛, 신맛, 떫은맛, 쓴맛, 담백한 맛)와 코로 느껴지는 냄새, 식감에 의해서만 자극을 받는 것이 아니다. 먹을 때의 분위기와 손으로 느껴지는 촉감 등도 관계가 있다. 그 중에서도 촉감은 매우 중요하다. 예를 들어 주먹밥이나 빵을 먹을 때 접시에 담아 젓가락으로 먹어보면 주먹밥 특유의 맛이 전혀 느껴지지 않는다. 손으로 들고 먹어야 비로소 그 감촉을 통해 맛있다는 느낌이 솟아오르는 법이다. 따라서 밥공기나 된장국을 담은 사발을 손에 드는 것만으로도 식욕이 솟아오르게 되어 있다. 게다가 젓가락마저도 수지로 만든 제품이어서 그릇과 부딪칠 때 귀에 전달되는 소리는 메마르고 단순해서 아무래도 식욕이 느껴지지 않는다. 한번은 이 소리에 슬픔이 느껴져 눈물을 흘렸을 정도였다.

많은 입원 환자들이 사용하는 그릇이기 때문에 씻을 때

는 식기세척기 등을 이용해 효율적이고 신속하게 처리해야 할 테고 그 과정에서 그릇에 흠집이 나거나 깨져서는 곤란할 것이다. 병원의 입장은 이해하지만 아무래도 쓸쓸한 기분이 드는 것만은 어쩔 수가 없다.

먹는다는 행위에는 마음속 울림도 필요하다고 생각한다. 이것은 단순히 병원 식기만의 문제가 아니라 앞으로 훌륭하게 성장하기 위해 먹는 것의 소중함을 배울 필요가 있는 어린이들의 학교급식에서도 마찬가지다.

어쨌든 나는 참으로 못돼먹은 환자였다. 학교의 소식을 전해주기 위해 매일같이 찾아왔던 가쿠타 교수께 마침내 말을 해버리고 말았다.

"내일 올 때 장어 도시락을 사다주지 않겠나? 나를 살리는 셈치고. 밥이 맛없어. 그래서 식욕도 돋지 않아. 지금이야말로 체력 회복을 위해서 좋아하는 음식을 먹어야 해. 부탁하네."

가쿠타 교수도 역시 몹쓸 사람이었다. 이튿날 장어집에서 꼬치구이 도시락을 사가지고 저녁에 병원으로 찾아온 것이다.

잠시 후 병원의 식사도 나왔는데 병원 측에 들켜서는 안 된다고 생각했기에 병원식은 가쿠타 교수에게 먹게 하고 나는 눈부실 정도의 장어 도시락을 입 안에 떠 넣었다. 밥알 한 톨 남기지 않고 전부 먹어치운 뒤 "아아, 맛있었어~" 하며 깊은 감동의 한숨을 내쉬고 가쿠타 교수를 보니, 악전고투하며 내

저녁밥을 대신 먹고 있었다.

그날 이후부터 가족에게도, 가쿠타 교수에게도, 대학원생인 가네우치 군에게도 닭꼬치네, 이번에는 생선초밥이네, 다음은 불고기 도시락이네, 하며 먹고 싶은 것을 사가지고 오게 해서 퇴원할 때는 완전히 체력을 회복하고 그리하여 행복하게 살았습니다~.

싸구려 닭튀김

"예전의 토마토는 맛있었지. 장어도 전부 자연산이어서 정말 맛이 좋았어. 된장도 몇 년이고 묵혔기에 강한 개성이 있었어. 그걸 다시 한 번 먹어보고 싶어."

이렇게 예전의 맛을 그리워하는 목소리를 요즘 자주 듣는다. 그처럼 맛에 대한 향수를 얘기하노라면 반드시 등장하는 것이 닭고기이다.

어릴 적 먹었던 닭고기가 맛있었던 데에는 분명한 이유가 있다. 우선 닭을 기르는 방법. 오늘날의 브로일러•처럼 사방 몇 십 센티미터의 좁은 곳에 밀어 넣고 평생 밖에 나오지도

브로일러(broiler) 대량으로 사육하는 육용계로 주로 통닭구이용으로 사용된다.

못하게 하는 잔혹한 방법으로 기른 것이 아니라, 널따란 닭장 안에서 기르고 낮에는 종일 밖에 풀어놓아 뛰어 다니도록 해서 활발하게 근육을 움직여서 기른 닭. 이런 닭은 운동을 전혀 시키지 않는 브로일러와는 비교가 되지 않을 정도로 차이가 있었다. 닭뿐만 아니라 물고기까지 포함해서 고기의 맛은 많이 움직이는 부분이 가장 맛있다는 것이 정설로 인정받고 있다. 고래 꼬리 부분의 고기도 그렇고, 멧돼지의 갈비뼈 부근이 그렇고, 넙치의 지느러미와 아가미 부근의 살도 마찬가지다.

예전의 닭들은 뜰이나 밭을 돌아다니며 세력다툼을 위해 격렬히 싸우기도 하고, 새끼를 낳기 위해 교미를 거듭하기도 하고, 먹이가 되는 작은 곤충들을 잡기 위해 흙을 파헤치기도 한다. 날마다 이러한 행동을 했기 때문에 운동량이 충분해 당연히 맛있을 수밖에 없었다.

두 번째는 모이의 차이다. 브로일러처럼 매일 정해진 배급 사료만을 먹어야 하는 것과는 달리 주인이 먹다 남은 밥이나 뜰의 벌레, 지렁이, 잡초 등을 마음껏 쪼았기 때문에 고기의 맛이 깊을 수밖에 없었다.

그리고 세 번째 이유로 옛날의 닭에게는 혈통이라는 것이 있어서 나고야의 코친, 아키타의 히나이 닭, 사쓰마 닭, 오쿠쿠지샤모 등등이 알아주는 품종이었다. 다시 말해서 식용 닭으로는 고기 맛이 좋은 품종만을 길렀기에 참으로 맛있는 여러 가지 고기를 맛볼 수 있었다. 지금처럼 일본은 물론 전 세계 어디를 가나 브로일러 전용 품종인 청키 한 종류의 맛만 있었던 것이 아니다. 그랬기에 예전의 닭은 맛있었던 것인데 요즘에는 예전 방식으로 전문으로 사육하여 이른바 '토종닭'으로 판매하고 있다. 브로일러와 토종닭(특히 옛날처럼 풀어서 기른 것)의 차이를 분명히 알기 위해서는 맛이 담백한 가슴살 부근을 물로만 삶아 먹어보면 맛과 풍미의 차이를 금방 알 수 있다. 누가 시험해 봐도 승리는 언제나 토종닭의 것이다.

그리고 브로일러와 토종닭의 결정적인 맛의 차이는 사실 기름기에도 있다. 예를 들어 살을 발라낸 닭 뼈를 삶아 수프용 국물을 낼 때, 삶은 후 뼈에 붙어 있는 노란색이 감도는 지방 부분을 뜯어 맛보면 그 차이를 잘 알 수 있다. 브로일러의 기름은 참으로 평범하고 단조롭지만, 토종닭은 맛이 깊고 달콤한 맛이 난다. 이 기름의 맛의 차이는 눈으로도 확인할 수 있다. 닭고기 국물을 사발에 담을 때 그 표면에 떠오르는 기름의 모양을 보면 된다. 브로일러를 끓인 국물은 표면에 기름이 여기저기로 퍼져 일본열도의 지도를 보는 것 같은 상태가 되지만, 토종닭 국물은 조그맣고 둥근 구슬이 표면에 솟아난 것처럼 여기저기 볼록하게 튀어나와 있어서 힘이 넘치는 기름을 볼 수가 있다.

원래 브로일러의 고기는 참으로 담백하고 건강에도 좋다.

그렇기 때문에 다이어트 재료로 유용하게 쓰이고 있지만, 누가 뭐래도 가장 많이 쓰이는 곳은 젊은이들이 좋아하는 프라이드 치킨, 즉 튀김용이다. 하지만 맛이 담백하기 때문에 대부분의 경우는 고기에 양념, 즉 소금을 치기도 하고 화학조미료를 첨가하기도 하는 등 여러 가지 가미를 한 뒤 밀가루를 묻혀 기름에 튀긴다. 따라서 닭튀김이라고는 하지만 사용한 닭 외에도 여러 종류의 첨가물의 맛이 더해진 것이다. 그것을 기름에 튀기면 이번에는 기름의 맛이 고기에 스며들어 이전까지의 고기와는 전혀 다른 맛으로 변해버린다.

언젠가 대학의 연구실에서 학생들과 한잔 하던 때의 일이다. 평소 주머니 사정이 여의치 않아 가난병에 시달리는 학생들, 역시나 회비는 소박하게 500엔. 술은 연구실에 있던 것을 마시기로 했고 안주는 1인당 500엔씩 걷었기에 넉넉한 것은 아니었다.

그런데 학생들은 이런 일에 익숙한 듯 꽤나 그럴 듯하게 안주를 준비했다. 모두에게 차가운 두부와 크로켓이 하나씩 주어졌으며, 테이블 가운데에는 닭튀김이 산더미처럼 쌓여 있었다. 그렇게 많은 튀김을 대체 어떻게 마련한 것이냐고 물었더니, 근처 고깃집에서 닭튀김을 싸게 팔기에 그것을 사왔다는 것이다. 작은 두부 한 모에 80엔, 크로켓 하나에 40엔. 그리고 나머지 380엔이 각자가 낸 닭튀김 값이었다. 그런데 얘기를 들어보니 한 사람이 대략 15조각 정도를 먹어도 된다는데, 아무리 싸게 파는 닭튀김이라 해도 하나에 20엔 정도라니 놀라지 않을 수 없었다.

드디어 그 닭튀김을 먹어보았다. 우선 밀가루로 입힌 튀김옷이 아주 두꺼운 데다 놀랄 만큼 딱딱해서 씹으면 빠삭빠삭 소리가 났다. 게다가 튀김옷의 색깔이 너무 짙었다. 원래는 연한 갈색 정도가 먹음직스러운데, 그때의 튀김은 너무 짙어서 암갈색을 띠고 있었다. 튀김옷을 갈라보니 고기가 너무 작았다. 튀김 자체의 크기는 일반적으로 판매되는 것과 큰 차이가 없었으나, 고기의 크기는 절반밖에 되지 않았다.

그 맛으로 말하자면… 이건 닭튀김도 뭣도 아니야!

입에 넣고 씹는 순간, 기름이 산화한 독한 냄새가 코를 찔렀다. 기름이 오래 되어 산패되었을 때의 그 특유의 냄새. 오랫동안 사용한 기름으로 계속해서 튀긴 것이리라. 닭튀김을 집은 손가락도 오래된 기름 때문에 끈적끈적했다. 게다가 튀김옷은 너무 딱딱해서 잘게 씹기 전부터 입 안 여기저기를 들쑤셔서 아픔이 느껴질 정도였다. 고기도 고무 조각을 씹는 것처럼 아무런 맛도 느껴지지가 않았다.

그래도 어떤 맛이 나는지 끝장을 봐야겠다고 생각하고는 참아가며 계속 씹었다. 그런데 점점 더 입 안에서 튀김옷과 기름이 걸쭉하게 뒤섞여 역겨움을 참을 수 없을 정도였기에 맛없는 음식의 대표선수 같다는 생각이 들었다. 고통스럽게 억지로 하나를 삼킨 뒤, 세상에는 이렇게 맛없는 닭튀김도 있구나 싶어 한동안 강한 여운에 빠져 헤어나오지 못했다.

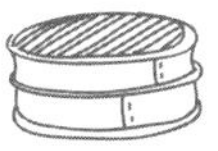

소바 유감

나는 소바를 아주 좋아해서 전국 곳곳에서 맛을 보아왔다. 너무 맛있어서 눈물을 흘릴 뻔한 적도 있었고, 넋을 놓고 먹은 적도 있었다. 윤기가 흐르고, 찰기가 강하고, 메밀 향도 좋고, 거기다 장국의 맛도 흠잡을 데 없어 품위가 있는 등 내가 좋아하는 취향의 조건을 갖춘 소바를 먹을 때면 마음까지 정갈해지는 듯해서 마음을 집중하여 천천히 감상하곤 한다. 시마네 현 이즈모의 소바도 맛있었으며, 신슈의 여러 곳, 야마가타의 덴도와 무라야마, 후쿠시마의 아이즈, 이와테의 니오헤, 후쿠이 현의 오노 시와 가쓰야마 시 등과 같은 구즈류 강의 강변, 후쿠야마, 이시카와의 산악지대, 기후의 다카야마, 후쿠이의 이마조, 도쿠시마의 산간부, 오이타의 야바케이와 유후인, 미야사키의 다카치호, 구마모토의 가와베 강 유역의 마을 등 전국 각지에서 명품 소바들을 만났다.

하지만 기대와는 달리 맛없는 소바도 많았다. 도호쿠의 한 유서 깊은 도시에 갔을 때, 100% 메밀로 만든 국수가 자랑이라는 한 가게에 들어가 보았다. 잠시 후, 조심조심 엄숙하게 가져온 그 소바를 나도 조심조심 한입 맛보려고 젓가락으로 집어든 순간 부슬부슬 끊어져버렸다. 간신히 그 끝 몇 가닥을 젓가락으로 집어 입으로 가져갔더니 이번에는 입 안에서도 부슬부슬 무너져 내려 아무래도 소바를 먹고 있는 것 같다는 느낌이 들지 않았다. 결론은 맛없음.

그리고 그 근처에 '물소바'라는 것이 있다는 정보를 입수하고 그때까지 먹어본 적이 없어 설레는 마음으로 찾아갔다. 물소바란 소바를 먹을 때 반드시 있어야 할 간장과 맛국물로 만든 장국이 없고 대신 차가운 물을 장국 삼아 먹는 것이라고 한다. 참으로 대담한 발상이었다.

그 말을 듣고 '소바란 대체 무엇일까?' 하고 새삼스럽게 '물소바 고(考)'를 머릿속으로 생각해보았다. 평소 소바란 소바 자체가 가지고 있는 훌륭한 맛과 맛있는 장국이 어우러져야 비로소 맛의 극치가 완성되는 것이라 생각하고 있었기에

장국 대신 물이 나온다니 아무래도 소바를 먹는 방법을 다시금 정리해볼 필요가 있었다. 그리고 물소바가 나오기까지 여러 가지로 생각을 해보았는데 결론은 소바를 먹는 일본인의 감각 속에는 일종의 철학적 요소가 담겨 있지 않을까 하는 것이었다. 어쩌면 다도와도 일맥상통하는 와비(侘び)와 사비(寂び)• 의 철학세계가.

와비와 사비
와비는 간소하고도 고요한 정취, 사비는 세련되고 한적함을 말한다.

이런 생각들이 머릿속을 맴돌고 있는 가운데 드디어 물소바가 나왔다. 첫눈에 좋은 소바라는 생각이 들었다. 광택이 좋고 보기에도 찰지게 생겼으며 메밀 향도 높았다. 장국을 담는 그릇에 차가운 명수(名水)가 7부 정도 담겨 있었다. 드디어 맛을 보았다. 한입 넣어보니 순간 소바의 향이 코끝에 감돌았으며 입 안으로 소바 특유의 품격 높은 감미로움과 담백한 맛이 퍼졌다. 두 입, 세 입 먹기 시작했다. 역시 소바야. 소바의 풍미를 고스란히 맛볼 수 있었다.

하지만 얼마 지나지 않아 입이 허전하다는 사실을 깨달았다. 평소 장국에 담가 먹었던 탓인지 어딘가 맛이 부족하다고 해야 할지. 마지막 한 입을 먹고 났을 때는 소바 맛은 없고 공허감만이 남았다. 역시 이것은 철학이었을까. 와비의 마음과 사비의 마음을 갖지 못한 자에게는 물소바를 먹을 자격조차 없는 걸까.

이처럼 물소바는 미각계통의 생리반응으로는 틀림없이

맛있었으나, 미각계통 심리반응을 보면 내게는 맛이 없었다. 나는 역시 인생 수양이 부족한 걸까?

참고로 그 가게에서 물소바를 먹고 나온 몇몇 사람에게 "어땠습니까?"라고 물어보았더니, '맛있었다', '감동했다', '또 먹으러 오고 싶다'는 대답들뿐이었다. 그 말을 듣고 세상에는 득도한 사람들이 꽤나 많구나, 나도 좀 더 공부를 해야겠다고 반성했다.

내게 있어서 맛은 절묘했지만, 마음속으로 맛없다고 느끼게 한 소바는 물소바뿐만이 아니었다. 도쿄에 있는 한 유명한 소바집에 들어가 모리소바를 시켰는데, 대부분의 유명한 가게는 한결같이 양이 극단적으로 적다. 어떤 가게에서는 소바 가닥을 눈으로 헤아릴 수 있을 정도여서 어딘가 불안함이 느껴지기도 한다. 국수 가닥이 무엇인가와 비슷하다는 생각이 들었는데 바로 그거였다. 온갖 상품에 덕지덕지 붙어 있는 바코드! 그 순간 웃음을 터뜨리고 말았다. 이것도 와비와 사비를 표현한 철학적 방법일까?

그런 전통 있는 소바집의 소바는 맛있기는 하지만 마음속으로는 양이 적다고 불만의 목소리가 들린다. 그래서 맛있는 소바도 맛없게 느껴진다. 어쨌든 아직 깨달음을 얻지 못한 먹보이기에 이런 궁상맞은 발상이 떠오르는 것도 어쩔 수 없다. 교토의 유명 사찰 정원에서 볼 수 있는 정원석의 절묘한 배치가 여백의 미학으로 상징되는 것과, 채에 담긴 소바의 여백의 미학은 별관계가 없는 듯하니, 가능하면 유명 소바집은 공간의 미를 조금이라도 없애고 손님에게 심리적 만족감을 주었으면 하는 바람이다.

소바집 중에는 서서 먹는 소바집도 있는데 나름 재미있어서 외출할 때면 역 구내에서 종종 이용하곤 한다. 요즘에는 도쿄 야마노테 선의 역이나 민영 철도의 역 구내에도 대부분 있기 때문에 매우 편리하다. 지금까지 그런 소바집을 꽤나 돌아다녔는데 맛있는 집과 맛없는 집이 분명하게 갈린다. 먹고 난 뒤에 "오오!"하며 감탄을 하거나, "아뿔싸!"하며 안타까워하거나 둘 중 하나였다. 지금까지 느낀 바에 의하면 역 구내에 있는 소바집은 대체로 맛이 없었으나 그러려니 한다.

문제는 번화가에 위치한 소바집이다. 개중에는 간혹 맛있는 집도 있으나 맛없는 집이 참으로 많다. 그런 맛없는 소바집들은 대체로 공통점이 있다. 우선 소바가 흐물흐물하고 너무 부드러워서 입에 넣고 한두 번 씹는 순간 입 안에서 완전히 풀려 액체 상태가 되어버리고 만다. 소바의 향은 아주 약하거나 전혀 없고, 장국 역시 가쓰오부시나 니보시•의 냄새가 살짝 나기는 하나 맛은 화학조미료로 위장한 것이다. 싼 것은 200엔, 비싸 봐야 350엔짜리 간이 소바집의 소바를 맛이 있네, 없네 논하는 것부터가 잘못이라고 할 사람도 있을지 모르겠다. 하지

니보시
멸치 등 잔물고기를 쪄서 말린 것

만 나는 앉아서 먹는 것이 아니라 서서 먹는 것이다. 가게 입장에서 보면 대부분 5분 이내에 나가기 때문에 많은 손님을 받을 수 있고 손님의 회전도 아주 좋으니, 그러한 점까지 고려해 주었으면 한다.

어쨌든 간이 소바집뿐만 아니라 어느 식당이든 자신들이 음식을 제공하고 있다고 생각한다면 오산이다. 손님들이 먹어 주는 것이라는 가게 주인과 손님과의 본연의 관계를 잊지 마시길! 실제로 거리에는 싼값에 '와우!'하는 감탄사가 나오게 하는 간이 소바집도 존재하고 있으니 말이다.

학교 급식 기습사건

NHK 텔레비전의 인기 방송 중에 「과외수업 어서오세요, 선배님」이라는 프로그램이 있다. 4년 전, 나도 이 방송에 출연하여 고향인 후쿠시마 현 공립 오노니이마치 초등학교 6학년 3반 아이들에게 수업을 했다. 덕분에 방송비평간담회 선정사업위원회로부터, 텔레비전 방송 분야 최고 영예상이라 할 수 있는 갤럭시상을 받았다. 그 때문인지 고이즈미 선생님의 수업은 재미있다는 평판을 얻어 이후 전국 곳곳의 초등학교로부터 출장 강의를 의뢰받게 되었고 아이들에게 과학에 대한 꿈을 심어주기 위해 시간을 내어 강의를 하고 있다.

학교에서 오전 중에 강의를 마치면 교장실이나 응접실에서 학교 관계자 분들과 점심식사를 한다. 두 번 정도 이와 같은 오찬회에 참석한 적이 있는데 대화 내용도 딱딱한 얘기들뿐이어서 그다지 재미가 없었다. 그래서 세 번째부터는 강의를 의뢰해온 학교에 아이들과 함께 점심을 먹고 싶으니 학교 급식을 먹게 해달라고 부탁을 했다. 대부분 허락을 해주었기에 기쁜 마음으로 아이들과 즐겁게 식사를 할 수 있게 되었다. 눈을 반짝이고 있는 아이들과 교실 안에서 함께 점심식사를 하는 것은 참으로 멋진 일로, 단번에 어린 시절로 돌아간 듯한 상쾌한 기분이 든다. 이런 이유로 요즘 학교 급식을 자주 먹게 되었는데 맛이 있을 때도 있고 맛이 없을 때도 있는 등 참 여러 가지였다.

10년 전에 한 초등학교로부터 의뢰를 받았는데 학교 급식을 먹어보고 그 소감을 들려달라는 것이었다. 대학에서 '식문화론'을 강의하고 있는 나로서는 더없이 좋은 기회여서 흔쾌히 수락했다. 그리고 한 번 먹어서는 잘 알 수가 없으니 최소한 다섯 번은 먹게 해달라고 약삭빠르게도 내가 먼저 요구해서, 어쨌든 1개월 동안 연락도 없이 다섯 차례나 불쑥 찾아가 학생들과 함께 식사를 했다. 간토 지방 북부 소도시의 초등학교였는데 그때의 훌륭한 식사를 지금도 잊을 수가 없다. 다섯 번의 급식 모두 밥에 된장국이 나오는 일본식 식단이었는데 감명을 받은 나는 그때 먹은 음식들을 일일이 기록으로 남겨두었다. 된장국은 돼지고기나 겐친•이나 미역 등을 넣은 것, 반찬은 우엉, 어묵, 카레맛 생선튀김, 삶은 어묵, 돼지고기 감자조림, 데친 시금치, 낫토, 튀긴 두부, 돼지고기 채소 볶음, 부추 달걀부침, 버섯 무 무침, 핫바, 삶은 톳, 닭튀김, 해초 샐러드, 가지와 오이 절임, 튀긴 비지, 돼지고기 조림, 전갱이 튀김, 돼지고기와 소고기를 다져 넣은 오믈렛, 꽁치 양념구이, 과일(바나나가 많았다) 등이었다.

아주 맛있었다. 10년이 흐른 지금 새삼스럽게 생각해 보니 예전의 학생들은 좋은 음식을 먹었다.

그런데 요즘에는 학교 급식 메뉴가 완전히 바뀌었을 뿐만 아니라 참으로 맛이 없다. 내가 강의를 가서 먹고 온 메뉴를 보면 무엇보다 가장 크게 바뀐 것은 일본식에서 서양식으로 바뀌었다는 점이다. 메모해온 것을 살펴보니 그라탕, 크림스튜, 비프스튜, 포크 소테, 민스커틀릿•, 햄버그스테이크, 크림크로켓(옥수수를 넣은), 치킨카레, 콘포타주 수프, 토마토소스를 친 햄버그크로켓, 크림소스를 얹은 흰살생선(대구였을까?) 등과 같은 것들이 갑자기 늘었다. 일본식이나 중식(만두, 탕수육 등)도 더러 있었지만 10년 전에 비하면 학교 급식의 현장에서는 양식화가 빠르게 진행되고 있었다.

그런데 그것이 하나같이 아주 맛이 없었다. 기름진 음식

겐친
두부, 우엉, 표고 등을 기름에 볶아 조리한 음식

민스커틀릿
다진 고기와 채소를 진한 화이트소스와 양념들을 넣어서 둥글고 납작한 모양으로 만든 후 달걀물에 담가 빵가루를 묻혀 갈색이 될 때까지 튀기는 것. 일반적으로 크로켓이라고도 한다.

이 대부분을 차지하고 있어서, 맛을 즐기고 다 먹은 후에 '맛있었다'는 만족감을 주는 급식이 참으로 적었다.

어느 초등학교에 갔을 때, 브로콜리를 넣은 야채크림 무침이 나왔는데, 그 브로콜리를 입에 넣은 순간, 아니 입을 닫은 순간 벌써 흐물흐물 풀어져 씹을 필요가 전혀 없었다. 그리고 맛이 아주 옅어서 먹고 있다는 느낌이 들지 않았다. 다른 초등학교에서는 닭고기 소테• 비슷한 것이 나왔는데 이 닭고기도 입에 넣고 한 번 씹었더니 흐물흐물 풀어져 씹는 맛을 전혀 느낄 수가 없었다. 마치 브로일러의 통조림을 먹고 있는 듯한 기분이었다.

어쨌든 별로 씹을 필요가 없는 음식만 나오는 것도 지금의 초등학교 급식의 특징 중 하나라고 생각했다.

씹는 행위는 이와 잇몸을 단련할 뿐만 아니라 씹으면 씹을수록 침의 분비를 촉진해서 위의 부담을 덜어주는 이점이 있다. 그 외에도 한 연구에 의하면 음식 속에 발암성 물질이 있다 할지라도 침에 의해 그 작용이 억제된다고 한다. 또한 씹는 행위로 뇌의 혈류가 활발해져서 두뇌의 작용, 회전이 좋아진다는 연구 결과도 있다. 특히 유아에서 초등학교에 걸친 시기는 두뇌가 발달하는 시기이기 때문에 많이 씹을수록 두뇌 발육에 매우 효과적이라고 한다. 옛날 사람들은 뿌리줄기류와 절임류를 많이 먹었으며 또 닭고기도 전부 토종닭이어서 잘 씹을 필

소테(Saute)
전도열에 의한 대표적인 조리방법으로, 프라이팬이나 철판에 버터나 샐러드 오일을 넣고 잘게 썬 고기류나 생선류, 채소 등을 고온에서 살짝 볶는 방법. 팬의 기름 맛, 철판의 맛, 식재료에서 나오는 즙의 맛이 조화롭게 어우러져 음식의 풍미를 더욱 증가해준다. 식재료를 볶은 후에 나온 액체를 소스로 만든다. 비프스테이크, 포크소테, 치킨소테 등이 대표적이다. 서양요리의 기본조리법

요가 있었고, 고래 고기도 전부 딱딱했기 때문에 꼭꼭 씹어 먹었다. 그래서 예전에는 턱이 튼튼해서 강인해 보이는 얼굴을 가진 사람들이 많았다.

그런데 요즘의 아이들을 보면 그런 야성미가 느껴지는 얼굴이 많지 않다. 즉 맨질맨질한 얼굴에 턱이 갸름한 것이 미남, 미녀라고 인기를 얻고 있으나 솔직히 말하면 야성미도, 생명력도 풍성하지 못한 얼굴이다. 옛날식으로 말하면 기생오라비 같은 얼굴이라고 해서, 부드러운 것만 먹으며 나약하게 자란 사람의 얼굴이다.

그렇다면 어째서 학교 급식이 별로 씹지 않아도 되는 음식으로 바뀌어버린 것일까?

여러 이유가 있겠지만 그중 하나로 O-157에 의한 식중독을 들 수 있다. O-157은 무시무시한 병원성 대장균으로 알려져 있는데 그것에 오염된 음식을 먹은 사람의 장에서 출혈을 일으키기도 하고 강력한 독소를 만들어 죽음에 이르게도 하는 식중독균으로 몇 년 전에 곳곳에서 사망자가 나왔다. 그로 인해 학교 급식은 전부 가열한 음식을 내는 쪽으로 바뀌었다. 뿐만 아니라 조심 또 조심해서 끓이기 때문에 채소 등은 완전히 물러져버리고 만다.

물론 안전이 가장 중요하기는 하지만 그렇게 흐물흐물한 급식을 먹은 아이들이 나중에 과연 맛있는 음식, 맛없는 음식에 대한 식감을 잃지 않을까 걱정이다.

재료 반입 경위와 조리실의 위생관리를 철저히 해서 그와 같은 무시무시한 균의 침입을 막는 기본적인 위생관념을 심은 뒤, 조금이라도 아이들이 맛있다고 느낄 수 있도록 조리를 해주었으면 하는 바람이다.

도시를 중심으로 메뉴의 경향이 양식화되어버린 가장 큰 이유는 아이들의 식성이 바뀌었다는 데 있을 것이다. 거리에는 햄버거와 프라이드치킨, 핫도그, 감자튀김, 스낵 등과 같은 이른바 패스트푸드가 넘쳐나고 있어서 요즘 아이들은 아무런 제약도 없이 마음껏 먹고 있다.

요즘 외국에서는 이른바 일본식 식단이 좋은 평가를 얻고 있으며, 그것을 배우려는 붐까지 일고 있다. 그 이유는 첫 번째로 영양의 균형이 잘 잡혀 있고, 두 번째로는 칼로리 섭취면에서 이상적이며, 세 번째는 건강에 아주 좋기 때문이다. 이런 평가를 얻고 있는데 일본인은 어째서 양식화 경향을 보이고 있는 것일까? 이것은 단지 아이들의 식성에 맞춰온 것뿐만 아니라 그것을 관리하는 어른들에게도 문제가 있기 때문이다. 그 민족의 음식은 그 나라의 기후와 풍토에서 자란 식재료와 그것을 살린 조리법으로 만들어진 것이 가장 좋다.

원래 식사란 그렇게 간단히 바뀌어서는 안 되며, 보수적인 것이어야 한다고 생각한다. 하지만 지금의 일본처럼 식사가 급격하게 변하고 있는 나라도 없을 것이다. 졸저 『식(食)의 타락과 일본인』에서는 이와 같은 현상이 아이들의 장래에 정말 좋은 것인지, 나쁜 것인지를 우리 민족의 유전자에 면면히 흐르고 있는 식성을 살펴보며 검증했다.

앞으로 국내 · 국제적으로 힘든 상황에서 국가를 짊어지고 나아가야 할 아이들이 학교 급식으로 맛없는 식사, 문제가 많은 식사만을 계속한다면 썩 듬직하지 못한 젊은이로 성장하게 될지도 모른다. 좀 더 늠름한 어린이로 키우려면 식사가 얼마나 중요한지 옛 선조들을 보면 잘 알 수 있을 것이다.

거세하지 않은 황소 고기

아무리 애를 써도 도저히 삼킬 수 없을 만큼 맛없는 소고기를 먹은 적이 있다. 이번에도 학생들을 데리고 소형 버스로 연수 여행을 떠났을 때의 일. 버스로 이동 중에 점심시간이 되자 달리던 국도에서 벗어나 소도시로 들어가 적당한 식당을 찾았다. 이렇다 할 맛집도 없을 것 같은, 아무 특징도 없이 묘하게 정적에 잠긴 그 도시를 막 벗어나려던 순간 한 곳이 눈에 들어왔다. 금방 쓰러져버릴 것만 같은 느낌의 고깃집이 보였고 그 집 앞에 차를 세웠다.

'야키니쿠(燒肉, 고기구이)'라고 적힌 붉은 색의 낡은 포렴

(布簾)이 처마 밑에 걸려 있기는 했으나 가게 안에는 손님의 그림자도 보이지 않았다.

연수 여행의 총무인 대학원생이 "선생님, 여기에 들어가는 수밖에 없겠는데요"라고 말했기에 '하는 수 없지. 때로는 점심부터 고기를 구워 힘을 북돋울 필요도 있겠지' 생각하며 12명의 학생들과 함께 버스에서 내려 그 낡은 포렴을 헤치고 가게 안으로 들어갔다. 가게 구석의 테이블에 신문을 활짝 펼쳐놓고 읽고 있던 가게 주인이 놀라 벌떡 일어나며 '대체 무슨 일이지?' 하는 표정을 지었다. 지난 며칠 동안 이렇게 많은 수의 손님을 받은 적이 없었던 것이리라.

모두 '야키니쿠 정식'이라는 것을 주문했다. 이런 식으로 주문을 하면 한꺼번에 만들어주기 때문에 밥을 빨리 먹을 수 있다. 그렇게 기다리기를 약 10여 분. 모두가 앉아 있는 테이블 앞으로 그 야키니쿠 정식이 날라져 왔다. 밥은 덮밥, 미역이 든 장국, 숙주나물 초무침, 김치, 그리고 구운 고기가 1인분씩 놓여 있었다. 한눈에도 맛있게 보였다. 특히 야키니쿠는 이 집만의 비법 양념장에 담갔다가 은근하게 구운 듯 약간 붉은빛이 감도는 갈색에 고기가 양념장 때문에 광택까지 띠고 있어서 눈이 부셨다. 게다가 야키니쿠를 둘러싸고 있는 상추의 양도 꽤 많았기에 몹시 흐뭇했다.

이렇게 해서 드디어 지상 최고의 행복을 맛볼 시간이 찾아왔다. 조급한 마음을 억누르고 먼저 천천히 미역국을 맛보았다. 직후, 이건 맛이 너무했는데! 하는 생각이 들었다. 혀가 놀라고 그 반동으로 간이 떨어질 정도의 MSG 맛이었다. 그 집요할 정도로 기분 나쁜 맛이 입 안에 가득했고 그 뒷맛이 한참 동안 가시지 않았기에 할 말을 잃고 말았다. 평소 MSG 맛을 좋아하지 않던 나는 이거 큰일이다 싶어 입맛을 되돌리기 위해 바로 김치 한 조각을 젓가락으로 집어 입 안에 넣었는데, 세, 세, 세상에나! 김치에서도 미역국에 지지 않을 정도로 짙은 MSG의 맛이 났다. 아아, 앞으로 먹어야 할 음식이 걱정이라고 생각하면서도 이번에는 조심조심, 그리고 경계를 늦추지 않으며 천천히 고기를 입 안에 던져 넣고 씹어보았다.

그 순간 덜컥! 하는 소리와 함께 내 식욕에 급제동이 걸렸다. 그토록 간절했던 식욕도 한순간에 달아나버리고 말았다. MSG 맛보다 더 강렬한 것이 먼저 콧속으로 날아들었기 때문이다. 맹렬한 누린내였다. 그것을 누린내라고 불러야 할지 말아야 할지는 모르겠지만, 어쨌든 이상한 소의 냄새가 강렬하게 엄습해왔다. 그 이상한 냄새를 어디에 비유할 수 있을까, 내 나름대로 생각해보았다. 인간의 땀 냄새에 겨드랑이 냄새가 더해지고, 거기에 치즈 냄새가 아로새겨져 있고, 그 전체를 비릿한 냄새가 감싸고 있는 것 같은 그런 냄새였다.

그 냄새가 너무나도 인상적이어서 나중에 내 나름대로

조사를 해보았다. 소고기에서 나는 그 특이한 냄새는 거세하지 않은 씨수소에서 나는 냄새로, 특히 홀스타인종은 냄새가 지독하다고 한다. 따라서 그러한 소고기는 대부분 개나 고양이의 사료를 만드는 데 쓰인다고 한다. 그날 나는 고기를 딱 한 점 입에 넣었을 뿐, 나머지는 허겁지겁 먹고 있는 학생에게 전부 주었다.

이 얘기를 하다 보니 예전에 시가 현 '일본 발효기구 요고 연구소' 소장을 겸임하고 있을 때의 일이 떠올랐다. 요고라는 아름다운 호수 근처의 한 민박집 주인이 거대한 멧돼지 수놈을 해체하는 장면을 보여준 적이 있었다. 뒷다리의 허벅지 사이에 있는 불알(고환) 주위를 해체하면서 거기에 '냄새 주머니'라는 것이 있는데 그것을 잘못 건드려 터뜨리면 그 악취, 즉 강렬한 누린내일 테지만, 그것이 고기 전체에 퍼져서 냄새 때문에 고기를 도저히 먹을 수 없다고 했다. 이것을 나중에 조사해 보니 그 냄새 주머니라는 것은 '취선(臭腺)'이라는 기관인데 수놈 멧돼지는 자신의 영역을 주장하기 위해 그 취선에서 분비되는 강렬한 냄새를 소변에 섞는 것이라고 한다.

어쨌든 동물에게는 반드시 냄새가 있게 마련인데 특히 수컷들은 자신의 자손을 남기려 하는 유전자가 강하기 때문에 밤낮으로 단련해서 용맹하고 강인한 체력을 만들 필요가 있다. 그런데 강해지면 강해질수록 취선에서 나오는 영역표시 물질도 양이 많아지고 강렬해지는 것이리라. 후세에 자손을 남기는 씨수소가 그처럼 강렬한 냄새를 갖고 있는 이유도 알게 되었다.

백화점 반찬가게

요즘 백화점이나 슈퍼마켓의 식품 매장에 가보면 조리가 끝난 반찬을 빽빽하게 진열해 놓고 팔고 있다. 우엉조림, 생선조림, 생선구이, 고부마키•, 어묵, 톳조림, 비빔밥 등 일본요리는 물론 중국요리, 서양요리도 헤아릴 수 없이 많아서 일일이 열거할 수 없을 정도이다. 하지만 '어머니의 손맛'과는 상당한 거리가 있고 대부분은 뭔가 좀 부족한 맛이다. 대량으로 만들어야 하기 때문에 고향의 어머니가 예전에 만들어주셨던 정성스러운 맛에는 아무래도 미치지 못하는 것이리라.

고부마키
청어, 모래무지 등을 다시마에 말아 익힌 것

사실 며칠 전에 백화점에서 호박조림을 사가지고 왔다. 설탕과 간장으로 달달하고 짭조름하게 조린 것인데 그것을 먹어보고 너무나도 짠맛에 가슴이 덜컥 내려앉았다. 어머니가 만들어주셨던 호박조림은 달콤함 속에 짭조름한 맛이 있고 말랑말랑해서 입에 넣으면 크림 같은 느낌이 좋았는데 사가지고 온 호박조림은 그와 정반대여서 짠맛 속에 달콤함이 있고 말랑말랑한 것이 아니라 전체가 질퍽질퍽해서 크림이 아니라 진흙 같았다. 게다가 맛도 밍밍해서 한마디로 평하자면 돈이 아까웠다.

'당근 다시마 말이'를 사다 먹었을 때도 실패를 했다. 다시마 속에 싸여 있던 당근은 흐물흐물 뭉개져 있었고, 물컹물컹해지기 시작한 다시마도 식칼을 대자 역시 힘없이 뭉개졌다. 한 입 먹어보니 단맛밖에 나지 않았다. 일부러 달게 요리하는 찜보다도 더 단 그 당근 다시마 말이는 너무 달아서 술안주로도 밥반찬으로도 먹지 못하겠기에 하는 수 없이 차와 함께 먹는 과자 대신으로 먹었다. 당근은 당근답게, 다시마는 다시마답게 조려 거기에 어울리는 맛을 내야 하는데 그 기본을 지키지 않았으니 달리 할 말이 없다.

햄버거도 사왔다가 실패한 적이 있었다. 표면이 거칠거칠하게 딱딱하고 안의 다진 고기에서는 거세하지 않은 황소 특유의 누린내가 났으며 빵과 양파는 부슬부슬해서 재료끼리 어우러지지 못했다.

또 한 번은 중국요리의 일종으로 돼지고기와 채소를 볶

고 거기에 식초로 만든 양념장을 뿌린 것을 사온 적이 있었는데 도저히 먹을 것이라고는 생각되지 않았다. 각각의 재료가 너무 물러져 있어서 입에 넣는 순간 흐물흐물 녹았으며 채소 등도 씹는 맛이라고는 전혀 없었다. 그리고 맛없음의 극치는 그 요리의 냄새에 있었는데 참으로 기묘한 냄새가 났다. 이 냄새를 예전에 어디에서 맡아봤더라? 이리저리 생각해보다가 마침내 떠올랐다. 옛날, 내가 어렸을 때 양조장에서 멀리 떨어진 논 가운데 돼지우리가 있었는데 그 돼지의 먹이(잔반) 냄새였다! 그 냄새를 떠올린 순간 식욕은 저 우주로 멀리 달아나버리고 말았다.

식초를 사용한 요리는 만들기가 꽤 어려운 법인데, 식초는 휘발성 유기산으로 냄새가 나기 때문이다. 사용하는 방법에 따라서 냄새가 강해지기도 하고 약해지기도 하는데 사실은 너무 강해도, 또 너무 약해도 만든 음식이 쉰 듯한 불쾌한 냄새가 나는 경우가 많다. 식초에는 방부 효과가 있어서 많이 넣으면 요리나 식품이 오래 간다. 그 목적으로 식초를 많이 넣은 것이리라. 어쨌든 그 '식초 양념을 뿌린 채소볶음'은 냄새가 지독했다. 아무리 대량으로 만든다고는 하지만 일단은 먹는 음식이니 요리하는 사람은 세심한 주의와 열의를 가지고 만들어야 할 것이다.

지금까지 사서 먹어본 맛없는 반찬의 공통적인 것은, 너무나도 많은 MSG를 넣었다는 점이다. 언제까지고 입 안에 남는 그 기묘한 맛이 먹은 후의 느낌을 단번에 맛없는 것으로 만들어버린다. 맛을 위해 극히 소량을 사용하는 것은 어쩔 수 없는 일일지 모르겠으나 그것을 '주재료'로 사용한다면 먹는 쪽에서 강한 거부감을 느끼게 된다.

어묵을 사가지고 와서 먹어봤을 때는 MSG의 맛이 강하게 느껴져 아주 불쾌했던 적이 있었다. 어묵처럼 맛이 은근한 국물에 MSG를 대량으로 넣으면 그 맛이 즉각 느껴진다. 가쓰오부시가 가진 풍미는 참으로 훌륭한 것인데 그 어묵에서는 가쓰오부시의 맛도 냄새도 전혀 느껴지지가 않았다. 틀림없이 그 대용으로 대량의 MSG에 의지했던 것이리라.

원래 천연의 감칠맛이란 가쓰오부시나 멸치의 이노신산과 글루타민산, 다시마의 글루타민산, 마른 표고버섯의 구아닐산에서 맛국물로 뽑아낸 것이다. 그런데 MSG의 공업 생산이 가능해진 뒤부터는 그것을 쓰는 편이 값도 싸고 귀찮게 맛국물을 낼 필요도 없기 때문에 많은 곳에서 사용하기 시작했다. 하지만 천연의 글루타민산과 공업적으로 만들어낸 글루타민산이 어째서 이렇게 맛에서 차이가 나는 것인지 나로서는 알 길이 없다. 인간이 가진 과학의 힘으로도 자연의 위력에는 미치지 못하는 부분이 아주 많은 법이다.

어쨌든 요즘은 가정에서 만드는 반찬보다 조리된 것을

사다 먹는 양이 더 많을지도 모른다는 점을 생각해보면, 만드는 쪽이 안이한 생각으로 대량의 MSG을 넣는다는 것은 오로지 한 가지 맛, 즉 모든 것이 감칠맛으로만 통용될 우려가 있다. 심지어는 그것이 일본의 훌륭한 미각 문화를 붕괴시킬 우려도 있으니 먹는 쪽도 이런 사정을 깊이 생각해보아야 할 것이다.

실이 생기지 않는 낫토

나는 낫토 먹기의 프로페셔널이다. 그 증거로 『낫토의 쾌락』이라는 두꺼운 책까지 세상에 내놓았을 정도다. 어쨌든 하루에 낫토를 2개 정도는 먹는데 그것을 30년이나 계속해왔더니 지금은 대변에도 실이 생길 정도다. 이건 농담이고, 어쨌든 낫토를 매우 좋아한다.

간혹 사람들에게 낫토의 콩알이 큰 것을 좋아하는지, 작은 것을 좋아하는지 자주 질문을 받곤 하는데 콩알의 크기는 아무래도 상관없다. 오히려 휘저으면 휘저을수록 실이 많이 생겨서 끈적임이 더해지는 낫토와 낫토 특유의 냄새가 강한 것을 좋아한다. 식성(食聖)이라 불리는 로산진[•]은 187번이었던가, 낫토를 휘저었다고 하는데 나도 그보다는 못하지만 100번 정도는 휘젓는다. 휘저을수록 풍미가 짙어지니 참으로 신기한 음식이다. 재미있는 사실은 휘젓는 횟수가 많을수록 감칠맛이 강한 글루타민산과 감미로움을 가진 알라닌 등과 같은 아미노산류가 증가한다는 연구도 있다. 아마도 낫토 콩 속에 숨어 있던 그런 감칠맛을 내는 성분들이 휘저을 때의 충격에 의해서 용출되는 것이 아닌가 싶다.

그런데 지금까지 헤아릴 수도 없이 많은 생청국장을 먹어왔지만 아무리 휘저어도 맛없는 낫토도 여럿 있었다. 낫토의 본고장은 아니기에 약간 냉정한 얘기가 될지도 모르겠으나 오키나와나 미야코지마, 이시가키지마 부근 호텔의 조식 뷔페에 나온 낫토 중에는 맛있는 것을 먹어본 기억이 없다. 둥근 종이컵에 소량을 넣어 포장한 낫토인데 그것은 아무리 휘저어도 실이 생기지 않고 부슬부슬하며, 게다가 맛에도 힘이 없고 밍밍하다. 그리고 가장 중요한 풍미도 아주 약해서 아무래도 납득하기 어려운 낫토들이 많다. 어쩌면 오키나와 지방에는 낫토가 아직 충분히 보급되지 않았기에 의도적으로 그처럼 개성이 강하지 않은 제품을 만드는 것일지도 모르겠다.

맛없는 청국장은 대부분이 그처럼 실이 잘 생기지 않고 맛이 진하지 않고 냄새도 강하지 않은데 그 중에서도 심했던

로산진(魯山人, 1883~1959)
일본의 예술가. 일본의 음식을 예술의 경지로까지 끌어올렸다는 평을 받고 있다.

것은 규슈에서 맛본 낫토였다. 부드럽다 못해 흐물흐물한 것이었는데, 간장을 넣고 휘젓기 시작한 순간 낫토가 으깨지기 시작했다. 계속 휘저었더니 줄줄 흘러내릴 것 같은 감촉이 되어버렸다. 그것을 밥 위에 얹어 먹어보니 어딘가 마요네즈 같다는 느낌이 들어 입맛이 싹 달아나버렸다.

줄줄 흘러내릴 것 같은 감촉은 콩을 너무 많이 삶았거나 지나치게 발효시켰기 때문이다. 하다못해 낫토에는 휘저을 때 발생하는 젓가락의 충격 정도에는 충분히 견딜 수 있을 만한 단단함이 필요하다. 예를 들어 낫토 한 알을 엄지와 검지 사이에 끼우고 힘을 주었을 때 미끄덩하고 낫토가 두 손가락 사이에서 미끄러져 나가는 정도가 좋지, 그대로 뭉개져버리는 것은 너무 부드러워서 좋지 않다.

도호쿠 지방에 갔을 때 '빻아 만든 낫토(잘게 빻은 생청국장)'라는 것이 있기에 사가지고 와서 그것을 밥 위에 얹어 먹어보았다. 놀랍게도 그 낫토에서 강렬한 암모니아 냄새가 나서 눈이 자극을 받아 눈물이 날 정도였다. 오래된 낫토에는 암모니아가 증가한다는 것은 알고 있었지만 그 정도일 줄은 몰랐다. 이는 낫토균에 의한 자기소화로 암모니아가 발생하기 때문인데(부패한 것이 아니다), 먹어도 별 문제는 없지만 역시 암모니아 냄새가 나면 아무래도 거부감을 느끼는 사람이 적지 않을 것이다. 나는 그처럼 암모니아 냄새가 나는 낫토는 햇볕에

말려서 파삭파삭해지면 양념절구로 빻아 분말로 만들어 챠즈케에 넣어 먹거나 삶은 두부의 양념장에 넣어 먹고 있다.

역시 '빻아 만든 낫토' 타입 중에 '유키와리(雪割り) 낫토'라는 것도 있는데 상당히 오래 전에 그것을 반찬으로 먹으려고 약간 딱딱한 상태의 것을 밥 위에 얹어 먹어보았는데 굉장히 짜서 맛이 없었다. 그런데 거기에 붙어 있는 설명서를 읽어보고 그 낫토는 챠즈케처럼 먹는 것이 올바른 방법이라는 사실을 알았기에 '그래서 이렇게 짰구나'하고 생각했다. 설명서대로 챠즈케로 만들어 먹었더니 맛이 좋았다.

커다란 콩알로 만든 낫토 가운데 좋지 않은 것은 실이 잘 생기지 않는 경우에 특히 맛없는 것이 된다는 점이다. 아무리 휘저어도 실은 전혀 생기지 않으며 그 때문에 미끈미끈한 점성도 생기지 않아 낫토 한 알 한 알이 데굴데굴 제각각 독립해서 굴러다닌다. 그러한 상태의 것을 밥 위에 얹어 먹으면 밥까지도 좋지 않은 낫토에 휘둘려 맛이 없어져버리고 만다. 밥에는 찰기가 있는 법인데 신기하게도 그렇게 실이 잘 생기지 않는 낫토를 밥 위에 얹으면 밥까지 찰기를 잃고 흩어져 버리는 것은 재미있는 현상이다. 잘못 만들어진 낫토에 밥까지 감화되어 그렇게 되는 것이리라.

최근에는 실이 생기지 않는 낫토나, 냄새가 별로 나지 않는 낫토가 개발되어 판매되고 있는데 잘 팔린다고 한다. 영양면에서 실이 잘 생기는 낫토와 별반 차이가 없을 테지만 그런 낫토는 낫토답지 못하다. 돈을 내고 그런 낫토를 사면 왠지 손해를 본 것 같은 기분이 들어 나는 사지 않는다. 낫토를 좋아하는 데 자격 같은 건 필요 없지만, 그런 낫토를 먹는 사람은 낫토의 참맛을 느낄 자격이 없다고 나는 생각한다. 만드는 쪽에서는 '잘 팔리기만 하면 된다'고 생각하고, 먹는 쪽에서는 '먹기에 편하기만 하면 된다'고 생각한다면 머지않아 낫토는 본격파가 사라지고 '사이비 낫토'가 늘어날 것 같다는 예감이 든다.

그렇지 않아도 세상은 체취 제거네 항균 상품이네 해서 몰개성화되어 가고 있다. 하다못해 낫토만이라도 지금까지처럼 실이 잘 생기고 점성과 냄새가 강하고 깊은 맛을 가진 산적(山賊) 같은 것으로 남아주었으면 하는 바람이다. 귀족과도 같은 낫토는 필요 없다.

해설

유쾌한 고이즈미 선생을 말한다

아라시야마 고자부로(작가)

●

예전부터 요리소설이나 식당 평판기, 맛 칼럼 등과 같은 분야는 문학 작품보다 한 단계 아래로 보는 시선이 있어온 것도 사실이다.

요리소설이 성립되기 어려운 것은 요리에 대한 평가가 '맛있다', '맛없다'에만 한정된다는 점에 그 원인이 있다. 맛있는 요리가 선한 쪽이고 맛없는 요리가 악한 쪽이라면 거기에서 발생하는 드라마는 선한 쪽이 악한 쪽을 퇴치하는 뻔한 권선징악적 스토리일 수밖에 없다.

중요한 것은 '맛없는 음식'도 맛있는 음식과 마찬가지로 특정한 수준을 가지고 있음에도 불구하고 지금까지 맛없음에 초점을 맞춘 책은 없었다는 점이다. 사실은 맛없는 음식 안에

이 세상의 진짜 모습이 숨어 있으며, 그런 의미에서 이 책의 진정한 미덕은 '맛없음'의 의미를 분석하고 풀어낸 착안점에 있다.

맛없는 음식에 화가 나는 심리는 첫째, 요리 자체가 원인인 경우. 둘째, 먹는 사람 때문인 경우 두 가지가 있다.

후자의 경우는 먹는 사람이 병에 걸렸다거나 숙취가 있다거나, 혹은 정서적으로 불안정하다거나 하는 경우이다. 회사에서 잘렸을 때 상사가 사주는 생선초밥이 맛있을 리 없다. 아버지에게 잔소리를 들으며 먹는 저녁밥도 맛없을 테고, 음식점 주인이 시건방을 떨어도 맛이 없다. 이 책에 등장하는 물소바는 읽기만 해도 맛없을 듯해서 먹기 전부터 '아마 맛없을 거야'라고 지레짐작하게 된다.

나온 음식을 본 순간 뇌가 '틀림없이 맛없을 거야'라고 미리 결론을 내려버리는 경우가 많다. 예를 들어 전골집에 들어갔는데 보라색 옷을 입고 짙은 화장을 한 종업원이 무뚝뚝한 얼굴로 이래라저래라 참견을 한다면 그것만으로도 입맛이 떨어져서 먹기 전부터 안녕히 계시라고 인사하고 나오게 된다.

그런 점에서 고이즈미 교수는 참으로 착한 식객이다. 학생과 함께 식당에 가서도 우선은 먹어보자는 너그러운 마음을 가지고 있으며, 거기서 깜짝 놀랄 정도로 맛없는 음식을 만나게 된다. 평범한 식객이라면 얼굴을 찌푸리고 이런 음식을 내놓다니, 정말 맛없다고 크게 화를 내며 다른 맛있는 음식을 먹음으로써 마음을 가라앉히려 할 테지만 고이즈미 교수는 맛없음의 정체를 분석하여 연구 대상으로 삼는다.

마쿠노우치 도시락에 들어 있는 새빨갛게 착색된 비엔나 소시지, 호텔의 아침에 나오는 찐 연어자반, 내용물이 물러버린 새우튀김, 기내식으로 나오는 소바 등과 같은 요리가 맛없다는 사실은 전문가가 아니라도 알 수 있다. 그런 음식을 먹게 된 것은 그저 운이 없었기 때문이다.

하지만 여관 주인장이 맛없다고 말리는데도 굳이 까마귀 고기를 먹어본 뒤 냄새가 나서 맛이 없었다고 얘기하는 것을 들어보면, 고이즈미 교수는 원래부터 맛없는 것을 좋아했던 것이 아닐까 하는 생각이 들기도 한다. 이 세상의 기이한 음식과 진귀한 음식을 찾아다니며 먹어온 '음식계의 기인'이 까마귀 고기의 음습한 냄새를 견디지 못하고 몸서리를 친다. 방귀벌레라 불리는 노린재 유충의 경우도 마찬가지여서 코가 떨어져나갈 것 같은 악취가 나는 벌레의 번데기를 먹여봐야겠다고 생각하는 사람의 배짱은 평범한 수준을 넘는다. 고이즈미 교수의 악식(惡食)은 순교자의 모험에 비견될 수 있다.

이 책을 읽으면 '맛없는 음식'에는 3종류가 있다는 사실을 알게 된다. 지금 세상에 나돌고 있는 음식 가운데는 대충 만든 요리가 많다. 대량으로 싸게 만들기 때문에 맛도 밍밍해서 가축의 사료 같다.

두 번째는 슈퍼마켓에서 싸게 팔고 있는 뱀장어처럼 페놀(석탄산)이나 장뇌 등과 같은 소독약 냄새가 나는 것이다. 성장촉진제나 항생물질을 넣어 속성으로 양식한 것들이다. 산화한 땅콩은 냄새가 나서 먹을 수가 없다. 묵은 쌀은 저장 과정에서 산화해서 묵은내가 난다. 그 정체가 황화디메틸이라는 복잡한 황화물이라는 사실을 이 책에서 배웠다. '맛없음'의 정체가 고이즈미 교수에 의해서 구체적으로 밝혀지면 '네가 범인이었냐? 나쁜 녀석!'하며 마음이 후련해진다. 이 경우는 음식 재료 자체에 원인이 있는 것이다.

문제는 세 번째인데, 까마귀나 노린재의 번데기를 먹어보고 그것이 얼마나 맛없는지를 친절하게 설명해주는 고이즈미 교수의 특이한 정신구조다. 하지만 글 내용을 주의 깊게 읽어보면 처음부터 '맛없을 것이다'라고 생각하며 먹는 것이 아니라, '어쩌면 맛있을지도 모른다'는 호기심이 있다는 사실을 깨달을 수 있다. 음식에 관한 한 절대 편견이 없는 진정한 박애주의자이다.

한국의 전라남도에 있는 목포에는 나도 15년쯤 전에 가서 암모니아 냄새가 지독한 홍어회를 먹어본 적이 있었다. 취재로 간 것이었기에 어쩔 수 없이 먹어보았는데 눈물이 줄줄 나고 입이 뜨겁더니 결국은 열이 나서 몸져눕고 말았다. 고이즈미 교수는 만능 페이퍼 리트머스 시험지까지 가져가서 암모니아의 알칼리도를 측정했다. 고이즈미 교수도 기절 직전까지 갔었던 듯하나 그런 상황에서도 리트머스 시험지를 꺼냈다는 점이 학자로서의 진리탐구 정신이 아닐까 싶다.

멧돼지는 20년쯤 전에 시가 현의 산속에 있는 식당에서 맛을 보았는데 한 점 먹어보고 그 누린내를 참지 못 하고 뱉어 낸 기억이 있다. 그 이후 멧돼지 전골은 아무리 맛있다고 해도 먹고 싶은 마음이 들지 않는다. 그 맛없음의 정체가 취선이라는 냄새 주머니 기관 때문이라는 사실을 알고 얼마간 마음이 편해졌다. 짐승을 잡을 때는 해체가 어렵다는 사실도 알았다.

지역 맥주도 마찬가지인데 맛있는 것을 만나기가 그리 쉽지 않다. 일본 각지에 지역 맥주가 생겼을 때 나는 『지역 맥주 대전(大全)』이라는 책을 쓰기 위해 전국의 지역 맥주를 마셔봤는데 너무나도 맛이 없어서 질겁하고 말았다. 그 맛없음은 다이아세틸이라는 성분의 이상한 냄새나 황화수소의 냄새 때문이었던 것이다. 그 원인을 알게 되었다.

그 무렵 나는 마즈이 구이조라는 필명의 명함을 가지고 있었다. 직함은 '계간 맛없는 음식점 100선 편집주간'이었다. 여행을 하다 맛없는 요리를 내는 집을 만나면 화풀이로 그 명함을 내밀며 "매우 감동했으니 이번에 기사를 쓰겠습니다"라며 명함을 놓고 왔다. 명함에는 사카바시 구 마쓰이초 9071번지라는 거짓 주소를 인쇄했다.

맨 처음 그 명함을 사용한 곳은 나라 현에 있는 한 유명한 숙방(宿坊, 절의 참배자가 묵는 방)으로 NHK 취재진 5명과 함께 숙박했다. 양초처럼 딱딱해진 새우튀김과 산화해서 기름이 눅눅한 햄가스와 바닷물보다 짠 국이 나왔다. 그 맛없음이란, 녹슨 대못이 머리에 박히는 것 같은 전율이었다. 그런 내용을 주간지에 썼더니 숙방의 스님으로부터 내용증명이 날아왔고 '법정에서 결판을 내겠다'는 말이 덧붙여져 있었다. 동행했던 NHK의 취재진들이 '틀림없이 맛없었다는 사실을 증언하겠습니다'라고 서명을 해주었다. 그 서명 덕분에 숙방은 소송을 포기했는데 고이즈미 교수의 책을 읽었다면 맛없음의 과학적 근거를 쓸 수 있었을 텐데 하고 뒤늦게야 후회를 했다.

맛없음 속에는 소극적인 맛없음과 적극적인 맛없음이 있는데 고이즈미 교수가 환희로 몸을 떠는 것은 적극적인 맛없음일 것이다.

맛없는 것 속에는 너무나도 맛없는 데서 오는 짜릿함이 있다. 맛있는 음식은 쉽게 잊어버리지만 맛없는 음식은 언제까지고 기억에 남는다. 실제로 재판 직전까지 갔던 숙방의 요리는 지금도 잊을 수가 없으며 생각만 해도 소름이 돋는다. 맛없었던 만큼 좋은 경험을 했다. 맛없는 음식에는 천한 품격이 있는 것이다.

음식을 먹는다는 행위는 맛있는 것만 추구하면 한계에 부딪힌다. 맛과는 상관없이 미지의 음식을 먹는 것은 공포다. 자신의 몸속으로 정체를 알 수 없는 이물질이 들어와 그것이 자기 몸의 일부가 되는 것이다. 뱀이나 매미나 원숭이, 전갈, 벌레는 나도 먹어본 적이 있다. 하지만 맛있다고는 느끼지 않았다. 그러한 악식이 내 몸속에서 동화된다고 생각하면 살짝 기분이 좋지 않다.

고이즈미 교수는 두랄루민과도 같은 위장을 가지고 있기 때문에 기이한 짐승, 진귀한 벌레를 먹고 그것을 에너지 삼아 미지의 세계로 돌입한다. 잡식이야말로 모험의 극치다.

음식이 바뀌면 스스로가 변한다. 기린이 육식동물로 변한다면 사자도 생각을 달리하지 않을 수 없을 것이다. 호랑이에 날개가 돋아 하늘을 날게 된다면 콘도르의 입장이 난처해질 것이다.

'한번 나쁜 일을 시작했으면 끝장을 봐라'는 속담이 있는데 고이즈미 교수는 강력한 위장과 위액으로 무엇이든 소화하며 인간의 한계에 도전하고 있다. 참된 인간 국보란 이런 쾌남아를 말하는 것이리라. 브라보!

항우처럼 일어나서 유방처럼 승리하라

네이버 '오늘의 책' 선정!

"내가 천하를 얻을 수 있었던 것은 한신, 장량, 소하 이 세 사람을 참모로 얻어 잘 쓸 수가 있었기 때문이다. 그러나 항우는 단 한 사람의 범증조차도 쓰지를 못했다. 이것이 내게 패한 이유이다."
- 유방이 항우를 물리치고 천하를 제패한 뒤 했던 말

유방은 항우에 비해 보잘 것 없는 사람이었다. 항우가 명문 귀족 출신인 데 비해 유방은 빈농의 자식이었다. 가문도 별볼일없고 돈도 없고 학식과 지식도 부족했던 유방이 어떻게 천하를 통일하고 한(漢)제국의 황제에 오를 수 있었을까.
항우가 직선적이고 독단적인 반면 유방은 남의 말을 경청하는 열린 성품을 가졌다. 그런 유방에게는 인재들이 모여들었고 유방은 그들을 적재적소에 기용하여 재능을 발휘할 수 있게 해주었다. 수많은 전쟁에서 위기를 극복해 가며 항우를 멸망시키는 데 결정적인 역할을 해준 장량, 한신, 소하가 바로 유방의 일급 참모들이었다.

이시야마 다카시 지음 | 이강희 옮김 | 값 13,000원

에드거 케이시가 남긴 최고의 영적 유산!

미국의 종교 사상가이자 '20세기 최고의 예언자'로 불리는 에드거 케이시(1877~1945)는 만년에 누군가로부터 "당신의 최대 업적은 무엇입니까?"라는 질문을 받았을 때, 주저하지 않고 "신을 찾아서(A Search for God)라는 텍스트를 이 세상에 남긴 일입니다"라고 대답했다. 케이시가 그의 생애에서 가장 큰 심혈을 기울여 완성한 〈A Search for God〉이 한국어판으로 번역되어 〈신을 찾아서〉〈신과 함께〉 두 권으로 출간되었다. 영성을 추구하는 많은 사람들에게 "어떻게 살아야 하는가"하는 삶의 올바른 길을 제시해준다.
〈나는 잠자는 예언자〉는 '미국에서 가장 불가사의한 인물' 에드거 케이시의 유일한 자서전이다. 케이시는 24세때 갑자기 목소리가 나오지 않는 실성증에 걸려 그때부터 자신의 영능력을 발견하게 되었다. 케이시는 더 높은 영성의 지식을 얻고자 한다면 온전한 선(good), 즉 신(GOD)이 함께 해야 한다고 강조한다. 대우주의 커다란 영(靈)과 통하게 된 케이시는 지상의 인간에게 신의 목적을 이해시키는 채널로써의 역할을 자신의 인생의 대명제로 생각했다.

〈신을 찾아서〉 에드거 케이시 지음 | 김진언 옮김 | 값 14,000원
〈신과 함께〉 에드거 케이시 지음 | 김진언 옮김 | 값 13,000원
〈나는 잠자는 예언자〉 에드거 케이시 자서전 | 신선해 옮김 | 값 14,000원

이야기 경영학

누구나 쉽게 읽을 수 있는
〈경영학〉 입문서!

철강왕 앤드류 카네기는 어릴 적부터 아이디어가 특출했다. 그는 여느 아이들처럼 어머니를 따라 가게에 가곤 했는데, 어느 날 가게 주인이 카네기에게 선물로 체리를 한움큼 가져가라고 했다 그러나 카네기는 머뭇거릴 뿐 체리를 쥐지 않았다 가게 주인은 카네기가 수줍어하는 줄 알고 자신이 체리를 한움큼 집어서 카네기의 모자에 넣어주었다.
가게를 나와서 어머니가 "너 아까 가게에서 왜 체리를 집지 않았지?"라고 묻자, 어린 카네기는 이렇게 대답했다. "아저씨 손이 내 손보다 더 크잖아요."
이 에피소드를 통해 멀리 내다보는 카네기의 능력, 그리고 남들과는 전혀 다른 사고방식을 가졌다는 것을 엿볼 수 있다. 나중에 카네기가 특별한 사업 아이디어로 성공한 것을 보면 다소 고개가 끄덕여지는 대목이다.
- 본문 중에서

이재규(전 대구대 총장) 지음 | 값 13,000원